BRENDAN SIMMS

Die Rückkehr des Großraums?

Carl-Schmitt-Vorlesungen
Band 6
Herausgegeben von der Carl-Schmitt-Gesellschaft e.V.

Die Rückkehr
des Großraums?

Von

Brendan Simms

Duncker & Humblot · Berlin

Bibliografische Information der Deutschen Nationalbibliothek

Die Deutsche Nationalbibliothek verzeichnet diese Publikation in
der Deutschen Nationalbibliografie; detaillierte bibliografische Daten
sind im Internet über http://dnb.d-nb.de abrufbar.

Die achte Carl-Schmitt-Vorlesung
„Die Rückkehr des Großraums?" von Brendan Simms
wurde am 28.10.2023 im Festsaal der Charité,
Luisenstraße 56, Berlin gehalten.

Das Motiv auf dem Umschlag ist ein Abbild der geopolitischen Theorie
des britischen Geographen und Historikers Halford Mackinder.
In deren Mittelpunkt ist die „Weltinsel" mit der Landmasse
des „Herzlandes" (Heartland/Pivot Area), der gegenüber
die küstennahen und -fernen Inseln der Seemächte stehen.

Alle Rechte für die deutsche Übersetzung vorbehalten
© 2023 Duncker & Humblot GmbH, Berlin
Fremddatenübernahme: L101 Mediengestaltung, Fürstenwalde
Druck: CPI Books GmbH, Leck
Printed in Germany

ISSN 2367-1149
ISBN 978-3-428-19022-5 (Print)
ISBN 978-3-428-59022-3 (E-Book)

Gedruckt auf alterungsbeständigem (säurefreiem) Papier
entsprechend ISO 9706 ♾

Internet: http://www.duncker-humblot.de

Vorwort[1]

Zunächst möchte ich Hans-Christof Kraus, Gerd Giesler und der Carl-Schmitt-Gesellschaft für die freundliche Einladung danken. Es ist eine große Ehre, vor diesem ausgewiesenen Auditorium zu sprechen. Sie wissen wahrscheinlich nicht, dass meine zweite Veröffentlichung, die 1992 vor dreißig Jahren in der Ricerche di Storia Politica erschienen ist, von Carl Schmitt und der Anwendbarkeit seiner Gedanken auf die Beziehungen zwischen Großbritannien und Preußen während der napoleonischen Zeit handelte,[2] oder dass ich in meinem ersten Buch – über Preußen vor der Reform – Schmitts Zugang zum Machthaber als Rahmen für das Verständnis der „Hohen Politik" unter König Friedrich Wilhelm III. genutzt habe.[3] Mein Thema heute Abend betrifft jedoch das zwanzigste Jahrhundert und sogar das einundzwanzigste. Sie werden vielleicht erleichtert sein zu hören, dass ich nicht beabsichtige, eine moralische Bewertung des Verhältnisses von Carl Schmitt zum Nationalsozialismus abzugeben. Stattdessen habe ich vor, sein Denken zu nutzen, um nicht nur die politischen Konflikte seiner eigenen Zeit, sondern auch die der Gegenwart zu beleuchten, denn es gibt einige auffällige Parallelen, aber natürlich auch viele sehr wichtige Unterschiede.

*Brendan Simm*s

---

[1] Dank an Stefan Auer, Eunice Chong, Joshua Derman, Gerd Giesler, Raphael Gross, Ahmed Hashim, Oded Heilbronner, Bill Hurst, Nora Kalinskij, Hans-Christof Kraus, Charlotte Kroll, Tim Less, David G. Lewis, Anna Lukina, Clara Maier, Artur Simonyan, Achilles Skordas, Lars Vinx, Garrett Zeitlin.

[2] *Brendan Simms*, Fra Land e Meer. La Gran Bretagna, la Prussia e il problema del decisionismo, 1804–1806, in: Ricerche di Storia Politica 6 (1991), S. 5–34.

[3] *Brendan Simms*, The impact of Napoleon. Prussian high politics, foreign policy and the crisis of the executive, 1797–1806, Cambridge 1997.

Inhaltsverzeichnis

Der Begriff des Großraums im 19. und am Beginn des 20. Jahrhunderts	9
Die deutsche Reaktion auf die Niederlage im I. Weltkrieg. Adolf Hitler und Carl Schmitt	15
Das Konzept des Großraums während des II. Weltkriegs. Nationalsozialistische Geopolitik versus universale Ordnungssysteme	27
Carl Schmitts verändertes Großraum-Konzept im Kalten Krieg	34
Das Großraum-Konzept in der Gegenwart. Russland unter Putin	38
Das Großraum-Konzept in der VR China	45
Ein Blick auf die EU, Europa und Deutschland	52
Die Rückkehr des Großraums	59
Wichtige Publikationen von Brendan Simms	62
Personenregister	63

Der Begriff des Großraums im 19. und am Beginn des 20. Jahrhunderts

Die Ursprünge des Großraum-Konzepts, die Idee, dass Europa oder zumindest Mitteleuropa um seinen deutschen Kern herum gruppiert werden sollte, scheinen bis ins frühe und mittlere 19. Jahrhundert zurückzureichen.[4] Im Bereich der Wirtschaft war es die Vorstellung vom Zollverein, einer deutschen Freihandelszone, um die mitteleuropäische Großregion zu einer kompakten Mitteleuropäischen Wirtschaftszone zu erweitern. Ihr Hauptvertreter, der Nationalökonom Friedrich List, entwarf ein Projekt für eine liberale deutsche Siedlungs- und Wirtschaftsentwicklung, die sich am amerikanischen Vorbild auf der Grundlage von Eisenbahnen orientierte. Dies sei effizienter, argumentierte er, als die deutsche Auswanderung über den Atlantik. List, der einige Zeit in den Vereinigten Staaten verbracht hatte, artikulierte damit die Idee, dass Deutschland einen größeren Raum für seine wirtschaftliche und demografische Entwicklung brauche, um die Abwanderung von großen Teilen seiner Bevölkerung einzudämmen. Ähnliche Argumente wurden etwas später von dem Österreicher Karl Ludwig Freiherr von Bruck vorgebracht. List und die anderen Teilnehmer dieser Debatte haben den Begriff „Großraum" zwar noch nicht verwendet, aber genau ihn haben sie damals bereits gemeint. Auch auf die Gefahr des Anachronismus hin verwende ich jetzt das Wort Großraum avant la lettre.

Geopolitisch tauchte das Konzept des Großraums erstmals während der Debatten in den Revolutionen von 1848 auf. Einige wollten ein Kleindeutschland, ein von Preußen geführtes Deutschland, das das Habsburgerreich ausschloss, andere wollten ein Großdeutschland

---

[4] Zu einer Datierung ins späte 19. Jahrhundert siehe *Ke Li*, Geschichte, Raum, Weltordnung. Eine Untersuchung von Carl Schmitts Völkerrechtslehre, Dissertation, Humboldt Universität Berlin 2021.

10 Begriff des Großraums im 19. und am Beginn des 20. Jahrhunderts

unter Einschluss Österreichs. Es gab verschiedene Gründe, sich für die letztere Option zu entscheiden, dabei wurden die Argumente hervorgehoben, die sich auf die kritische Masse und auf Deutschlands angebliche Bestimmung in Mitteleuropa bezogen. „Die Deutschen", argumentierte der nassauische liberale Staatsmann Heinrich von Gagern, „hätten eine Mission ... diejenigen Völker, die längs der Donau ... als Trabanten in unser Planetensystem einzufassen"[5]. Für Gagern bestand der Hauptzweck eines solchen Großraums darin, die Russen fernzuhalten, aber er sollte bald von anderen Zielen abgelöst werden.

Die Einigung Deutschlands als kleindeutsches Projekt 1871 gab der Diskussion um den Großraumbegriff neuen Auftrieb. Reichskanzler Otto von Bismarck entschied sich für eine österreichisch-deutsche Annäherung, durch die die vereinten Kräfte Mitteleuropas gegen Angriffe aus Ost und West zusammengefügt werden sollten. „Wenn Deutschland und Österreich vereint wären", bemerkte Bismarck 1879, „würden sie zusammen jedem Feind, Frankreich oder Russland, gewachsen sein". Der Kanzler sprach von der Notwendigkeit, zwischen dem Deutschen Reich und Österreich-Ungarn eine organische Verbindung herzustellen, die nicht wie gewöhnliche Verträge veröffentlicht, sondern in die Gesetzgebung beider Reiche aufgenommen werden sollte und zu deren Auflösung es eines neuen Gesetzgebungsakts von einem der beiden Reiche bedürfe.[6] Deutschland schloss 1879 den Zweibundvertrag mit Österreich-Ungarn, aber aus dem Plan für eine noch engere Verbindung wurde nie etwas. Was sich bis zum Zusammenbruch beider Reiche 1918 entwickelte, wurde zunehmend asymmetrisch, stellte aber keinen Großraum dar, weil beide völkerrechtlich den gleichen Status hatten.

Bis zum Ende des 19. Jahrhunderts hatte das deutsche Großraumdenken eine stark antibritische, gelegentlich auch antiamerikanische Färbung angenommen. So forderte der nationalistische Alldeutsche

---

[5] *Jörg Brechtefeld*, Mitteleuropa and German politics. 1848 to the present, Houndmills and London 1996, S. 15. Das deutsche Zitat stammt aus *Michael Freund*, Die deutsche Geschichte, Berlin 1973, S. 603.
[6] Siehe *Bascom Barry Hayes*, Bismarck and Mitteleuropa, London/Toronto, 1994, S. 302–303, 353, 391 et passim (Zitate S. 303 und 357).

Verband „die Errichtung eines einheitlichen mitteleuropäischen Raumes unter deutscher Hegemonie, gegen das ‚Angelsachsentum' und gegen die führende slawische Macht Russland".[7] Gustav Schmoller, ein prominenter Nationalökonom, argumentierte, dass Deutschland in einer Welt, die von politisch-ökonomischen Riesenreichen wie dem britischen Empire, den Vereinigten Staaten, Russland und möglicherweise China dominiert würde, nur überleben könne, indem es seinen eigenen Wirtschaftsraum vergrößere. „Die unwiderstehliche Tendenz", schrieb Schmoller, „auf Bildung größerer Marktgebiete, die trotz politischer Selbstständigkeit der Teile fähig sind, gegenüber den großen Welthandelsreichen mit Nachdruck für ihre gemeinsamen wirtschaftlichen Interessen aufzutreten, nötigt uns in Europa aber zu einer Neubildung völkerrechtlicher Art, die in die alten Schablonen und Vertragsformen nicht hineinpasst, die weder Staatenbund noch Meistbegünstigungsvertrag, sondern ... etwas Neues zwischen beiden ist".[8] Was hier angedacht war, war eindeutig mehr als nur ein gemeinsamer Raum, aber es scheint noch nicht darum gegangen zu sein, die Entscheidung über Frieden oder Krieg in die Hand eines Hegemons, nämlich Deutschlands, zu legen.

Das Verhältnis zwischen der Idee eines mitteleuropäischen Großraums und der eines Überseereiches war unterschiedlich. Einige Deutsche sahen beides als sich gegenseitig ausschließend an: Sie würden die Märkte und die kritische Masse, die ihnen in Europa fehlten, finden, doch müssten sie dann weltweit agieren können und das auch wollen. Andere sahen in der Errichtung einer kohärenten mitteleuropäischen Basis die Voraussetzung dafür, sich an (hauptsächlich kommerzieller) Weltpolitik oder (hauptsächlich geopolitischer) Weltmachtpolitik zu beteiligen. Was jedoch beiden Lagern gemeinsam war, war das zunehmende Gefühl, dass die Hauptbedrohung für Deutschland nicht von Frankreich oder Russland ausging, so gefährlich diese Mächte auch sein mochten, sondern von der See- und Wirtschaftsmacht Angloamerikas. Zum Beispiel sahen

---

[7] Siehe *Brechtefeld*, Mitteleuropa, S. 34.
[8] Siehe *Brechtefeld*, Mitteleuropa, S. 36–37. Das Zitat stammt aus Schmollers Jahrbuch 15 (1890), S. 281. Zur Übersicht siehe allgemein *Soenke Neitzel,* Weltmacht oder Untergang. Die Weltreichslehre im Zeitalter des Imperialismus, Paderborn 2000.

12 Begriff des Großraums im 19. und am Beginn des 20. Jahrhunderts

Kaiser Wilhelm II. und der Vater der deutschen Flotte, Admiral Tirpitz, einen sich abzeichnenden globalen Konflikt zwischen den beiden auserwählten Rassen der Welt, den Germanen und den britischen „Angelsachsen".9

Auf der „angelsächsischen" Seite wurden diese Debatten mit Besorgnis registriert – sowohl Deutschlands Streben nach einem globalen „Platz an der Sonne" mit seinen kolonialen und kommerziellen Implikationen als auch die Vorstellung, dass das Reich oder eine andere Macht ein völlig separates Ordnungssystem in Europa und Eurasien schaffen könne. Das letztere Anliegen wurde am lebhaftesten vom britischen Geographen Halford Mackinder in seinem bahnbrechenden Artikel „Geographical pivot of history" (1904) artikuliert.10 Die Überlegenheit der angloamerikanischen Marine sei ein Relikt des Kolumbianischen Zeitalters. Das Aufkommen der Eisenbahn werde es hingegen einer einzigen Macht ermöglichen, einen riesigen eurasischen Raum zusammenzuschließen – dieses Herzland oder dieser Kernraum wäre ein Großraum mit einem anderen Namen – , der sich dem Britischen Empire und den Vereinigten Staaten entgegenstellen könne.

Kein Wunder, dass das Konzept des Großraums nach Kriegsausbruch 1914 zu neuem Leben erweckt wurde. Reichskanzler von Bethmann Hollweg forderte im September 1914, vermutlich beflügelt durch erste deutsche Militärerfolge, „Sicherheit für das Deutsche Reich", in West und Ost für alle erdenklichen Zeiten. Dazu müsse Frankreich soweit geschwächt werden, dass seine Wiederbelebung als Großmacht künftig unmöglich werde. Russland müsse so weit wie möglich hinter Deutschlands Ostgrenze zurückgedrängt und seine Herrschaft über die nichtrussischen Vasallenvölker gebrochen werden. Dazu müsse Belgien in einen deutschen „Vasallenstaat" verwandelt und Holland „abhängig" gemacht werden, während „Mittel-

---

9 *Peter Winzen*, Zur Genesis von Weltmachtkonzept und Weltpolitik, in: John C. Roehl/Elisabeth Müller-Luckner (Hrsg.), Der Ort Kaiser Wilhelms II in der deutschen Geschichte, München 1991, S. 189–213, 203.
10 *Halford J. Mackinder*, The geographical pivot of history, in: The Geographical Journal 23 (1904), S. 421–437.

europa" ein einheitlicher Wirtschaftsraum unter deutscher Vormundschaft werden sollte.[11]

Während diese Vision kontinental war, gab Großadmiral Tirpitz ihr einen globalen Rahmen. Trotz seines früheren weltpolitischen Enthusiasmus war er bereit, Deutschlands Besitz in China aufzugeben, um ein japanisches Bündnis zu sichern. Dies, so sagte er Bethmann im August 1915, sei notwendig gewesen, weil „die angelsächsische Welt sich endgültig gegen Deutschland zusammengetan habe, weshalb wir unter allen Umständen ein Bündnis mit Russland und Japan anstreben müssten".[12]

Wenig später veröffentlichte der liberale Politiker und Publizist Friedrich Naumann im Oktober 1915 ein viel diskutiertes Buch mit dem Titel „Mitteleuropa". Seine Argumentation für eine mitteleuropäische Union des Deutschen Reiches, des Habsburgerreiches und Rumäniens (das damals noch als befreundete Macht galt) war zum Teil von den unmittelbaren Bedürfnissen der Kriegswirtschaft getrieben. Aber es blickte auch über das Kriegsende hinaus, als Naumann eine in zwei wirtschaftliche Großräume geteilte Welt erwartete, eine anglo-amerikanische und einen russisch-asiatische. Varianten dieser Idee waren die zunehmend ehrgeizigeren Ostraum-Vorstellungen von 1917–1918, als Russland und sogar Teile Zentralasiens als Hinterland Deutschlands angesehen wurden.

Diese Visionen und Pläne alarmierten nicht nur die Alliierten, sondern auch die Amerikaner, einige Zeit bevor sie in den Krieg eintraten. Nachdem er Außenminister geworden war, sagte Robert Lansing dem Präsidenten, er befürchte, dass Deutschland Europa übernehmen und ein Bündnis mit den beiden anderen absolutistischen Mächten, Russland und Japan, anstreben würde.[13] „Es geht nicht", bemerkte Wilsons Vertrauter Colonel House im Oktober

---

[11] *Fritz Fischer*, Griff nach der Weltmacht. Die Kriegszielpolitik des kaiserlichen Deutschlands 1914/118, Düsseldorf 1961, S. 115–116.

[12] Siehe *Hans-Christof Kraus*, Westliche Hemisphäre und euro-asiatischer Block. Ein Aspekt deutscher und amerikanischer Strategiediskurse im Ersten Weltkrieg, in: Christian Bremen (Hrsg.), Amerika, Deutschland und Europa von 1917 bis heute, Aachen 2022, S. 138.

[13] Siehe *Hans-Christof Kraus*, Westliche Hemisphäre, S. 126.

1915, „die Alliierten untergehen und Deutschland den dominierenden militärischen Faktor in der Welt werden zu lassen". „Wir würden sicherlich", fuhr er fort, „das nächste Angriffsobjekt sein, und die Monroe-Doktrin wäre in der Tat weniger wert als ein ‚Fetzen Papier'".[14]

---

[14] Siehe *Lothar Gruchmann*, Nationalsozialistische Großraumordnung. Die Konstruktion einer ‚deutschen Monroe-Doktrin', Stuttgart 1962, S. 154.

Die deutsche Reaktion auf die Niederlage im I. Weltkrieg. Adolf Hitler und Carl Schmitt

Alle diese Großraum-Projekte fielen 1918 in sich zusammen, ebenso wie das Deutsche Reich selbst. Deutschland wurde durch die alliierte Blockade ausgehungert, militärisch besiegt und ein demütigender Friedensvertrag auferlegt (der im umgekehrten Fall vermutlich ähnlich ausgefallen wäre); der Vertrag schloss umfangreichste Reparationen und Gebietsverluste mit ein. Die Lehre, die viele Deutsche aus dieser Erfahrung zogen, war die Notwendigkeit, in Europa eine ausreichende kritische Masse zu bilden und insbesondere die Ernährung zu sichern, um mit den Rivalen weltweit konkurrieren und eine feindliche Blockade in Kriegszeiten überdauern zu können.

Während der Weimarer Republik blieb die Macht Angloamerikas und des internationalen Kapitalismus allgegenwärtig. Deutschland unterlag einem Regime von strafbewehrten Reparationen, das die Kontrolle über sein Staatsvermögen wie etwa das der Reichsbahn mit einschloss. Parker Gilbert, der amerikanische Bankier, der als Generalagent für Reparationszahlungen fungierte, bestand auf einem ausgeglichenen Reichshaushalt, bevor er Kredite genehmigte und Gespräche über den Erlass der Reparationszahlungen an Frankreich und Großbritannien aufnahm. Strenge Kontrolle und äußere Unterwerfung schienen Hand in Hand zu gehen. Es gab eine weit verbreitete Besorgnis über die Gefahr einer Massenemigration, insbesondere im Falle einer Verschlechterung der Gesamtwirtschaftslage.

Einige meinten, Deutschland sei zu schwach, um als unabhängiger Nationalstaat zu überleben, und es sollte in einem vereinten Europa Zuflucht suchen.[15] Die 1923 erstmals von Graf Richard Couden-

---

[15] Siehe *Vanessa Conze*, Das Europa der Deutschen. Ideen von Europa in Deutschland zwischen Reichstradition und Westorientierung (1920–1970), München 2005.

hove-Kalergi ins Spiel gebrachte Idee von „Paneuropa" gewann damals an Boden; zu seinen frühen Unterstützern gehörte der Hamburger Bankier Max Warburg, der von den Rothschilds in dieser Richtung unterstützt wurde.[16] 1924 veröffentlichte Heinrich Mann ein Traktat, in dem er die „Vereinigten Staaten von Europa" forderte, um zu verhindern, dass der Kontinent zu einer „Wirtschaftskolonie Amerikas oder einer Militärkolonie Asiens" werde.[17] Und das Heidelberger Programm der SPD von 1925 unterstützte die Idee der „Vereinigten Staaten von Europa".

In der Weimarer Republik wurde auch viel über das ökonomische Modell diskutiert, Deutschland innerhalb eines größeren Wirtschaftsraums zu verankern. Der Mitteleuropäische Wirtschaftstag hatte Büros im gesamten Land eingerichtet. 1929 verkündete die dominierende deutsche Sektion des Verbandes, es sei im Interesse des Reiches, „in Mitteleuropa ein Äquivalent für die verlorenen Märkte im Osten, für seine verlorenen Kolonien und auch als Ausgleich für die steigenden Zollschranken zu erreichen, die die großen Wirtschaftsimperien, England, die Vereinigten Staaten und andere relevante Staaten errichteten".[18] Dieser Ehrgeiz war der Auslöser für den gescheiterten Plan einer Zollunion mit Österreich im Jahr 1931.

*

Dies war der Kontext, in dem Adolf Hitler und Carl Schmitt begannen, ihr geopolitisches Denken zu entwickeln. Hitler führte die Wurzel der deutschen Schwäche auf innere Probleme zurück, die zu einer Vorherrschaft der anderen geführt hatten. Nach seiner Auf-

---

[16] *Reinhard Frommelt*, Paneuropa oder Mitteleuropa. Einigungsbestrebungen im Kalkül deutscher Wirtschaft und Politik, 1925–1933, Stuttgart 1977, S. 15.
[17] Zuerst veröffentlicht 1924, jetzt in: *Heinrich Mann*, Sieben Jahre. Chronik der Gedanken und Vorgänge. Essays, Frankfurt 1994, S. 174–185.
[18] Siehe *Brechtefeld*, Mitteleuropa, S. 52. Siehe auch *Berndt*, Wirtschaftliche Mitteleuropapläne des deutschen Imperialismus (1926–1931). Zur Rolle des Mitteleuropäischen Wirtschaftstages und der Mitteleuropa-Institute in den imperialistischen deutschen Expansionsplänen, in: Wissenschaftliche Zeitschrift der Martin-Luther-Universität Halle-Wittenberg 14 (1965), S. 325–326.

fassung war das Reich durch Jahrhunderte der inneren Zersplitterung – religiös, ideologisch, territorial – so ausgehöhlt, dass es seinen Menschen keinen Lebensraum sichern konnte. Die besten Elemente waren deshalb in die angelsächsische Welt eingewandert und hätten sie „befruchtet", besonders die Vereinigten Staaten.[19] Das alles habe diesem Land auch angesichts seiner enormen territorialen Ausdehnung, seinen natürlichen Ressourcen und seinem riesigen Binnenmarkt eine beherrschende Stellung in der Welt verschafft. „In der amerikanischen Union", argumentierte Hitler, „ist ein neuer Machtfaktor entstanden, der die bisherigen Kraft- und Rangordnungen der Staaten über den Haufen zu werfen droht", sie hätte sogar die Fähigkeit, das britische Empire herauszufordern.[20]

Hitler glaubte auch, dass Deutschland während des Ersten Weltkrieges durch seinen vermeintlichen „inneren Internationalismus",[21] womit er wohl jüdische Einflüsse sowie die Agitation der politischen Linken meinte, so gespalten war, dass es nicht in der Lage gewesen sei, sich wirksam gegen die Einkreisungskoalition zu wehren, die nach seiner Auffassung vom anglo-amerikanisch und jüdisch dominierten internationalen Kapitalismus gebildet worden war. Als die Söhne deutscher Emigranten 1918 in Form der American Expeditionary Force nach Europa zurückkehrten, um gegen ihr eigentliches deutsches Vaterland zu kämpfen, war die Niederlage unvermeidlich. Das Ergebnis, so glaubte Hitler, war die „Kolonisierung" Deutschlands durch die Versailler Bestimmungen, mit ihren Reparationen und ihrem Überwachungsregime.

Hitlers Lösung bestand darin, die „ungerechte Aufteilung" der Welt[22] zugunsten der angelsächsischen Mächte zu „korrigieren", um Deutschland den notwendigen Lebensraum zukommen zu lassen,

---

[19] Siehe *Brendan Simms*, Hitler. Eine globale Biographie, München 2019.
[20] *Adolf Hitler*, Reden, Schriften und Anordnungen. Februar 1925 bis Januar 1933, 6 Bände, München 1992–2003. Band II/A, S. 70 (alle nachfolgenden Zitate sind aus diesem Band; Rede v. 17.4.1928, RSA, II/2, S. 783; Rede v. 6.8.1927, II/2, S. 443; II/A, S. 14; II/A, S. 15; Rede v. 3.3.1928, II/2, S. 735; Rede v. 6.8.1927, II/2, S. 447.
[21] *Simms*, Hitler, S. 41.
[22] *Simms*, Hitler, S. 89.

den es benötige, um seine überschüssige Bevölkerung zu ernähren.²³ „Heute befinden wir uns in einer Welt von sich bildenden großen Machtstaaten [er meinte so etwas wie ‚Supermächte']", schrieb er, „in der unser eigenes Reich aufgrund seiner geringen Größe immer mehr zur Bedeutungslosigkeit herabsinkt". „Nur ein genügend großer Raum auf dieser Erde sichert einem Volk die Freiheit des Daseins" im Zusammenhang mit seiner geopolitischen Exponiertheit. Aus diesem Grund müsse „die nationalsozialistische Bewegung versuchen, das Mißverhältnis unserer Volkszahl und der Bodenfläche unseres Territoriums zu beseitigen", sowohl unter dem Aspekt der „Nährquelle" als auch in strategischer Hinsicht. Er wies die Idee zurück, Waren statt Menschen zu exportieren, und er sah auch die Rückgabe der Kolonien nicht als vorrangig an. Beide Lösungen, argumentierte Hitler, machten das Deutsche Reich anfällig für maritimen und kommerziellen Druck seitens der Briten und Amerikaner.²⁴

Stattdessen forderte Hitler eine territoriale Expansion – die Gewinnung von „Lebensraum"²⁵ – innerhalb Osteuropas, die alle an das Deutsche Reich angrenzenden oder fast angrenzenden Gebiete betraf, das heißt: „Russland und seine Vasallenstaaten"²⁶. „Vor allem", argumentierte Hitler, könne nur der Erwerb von Raum in Osteuropa „die [notwendigen] Menschen" vor der Auswanderung bewahren, „um für den Entscheidungsfall Millionen von Soldaten zur Verfügung zu stellen".²⁷ Außerdem würde nur mehr Wohnraum es den Deutschen ermöglichen, den Verlockungen des ‚American Way of Life' zu widerstehen. „Weder der heutige Lebensraum noch der durch eine Wiederherstellung der Grenzen von 1914 erreichte",

---

23 *Simms*, Hitler, S. 65.
24 *Adolf Hitler*, Mein Kampf. Eine kritische Edition, hrsg. von Christian Hartmann et al., München 2016, Band 2, S. 1.637; S. 1.631; S. 1.639; S. 1.645–1.647.
25 *Hitler*, Mein Kampf, Band 1, S. 391. Siehe auch *Karl Lange*, Der Terminus „Lebensraum" in Hitlers ‚Mein Kampf', in: Vierteljahrshefte für Zeitgeschichte 13 (1965), S. 426–437.
26 *Hitler*, Mein Kampf, Band 2, S. 1.657.
27 *Hitler*, Reden, Bd. II/A, S. 60.

Die deutsche Reaktion auf die Niederlage im I. Weltkrieg 19

warnte Hitler, „gestatten uns, ein Leben analog dem [des] amerikanischen Volkes zu führen."28

Dies war auf jeden Fall eine Großraum-Konzeption. Im Gegensatz zu den liberalen Ideen von List oder Naumann war Hitler Idee jedoch zutiefst illiberal. Wie jene beiden konzentrierte sich Hitler jedoch zuerst auf Europa. Tatsächlich kritisierte Hitler das wilhelminische Deutschland für seine Einmischung in Kolonial- und Marineangelegenheiten, wodurch es damals das Britische Empire auf fatale Weise provoziert hätte. In seinen Augen gab es eigentlich keinen fundamentalen Interessenunterschied zwischen den Interessen der angelsächsischen Mächte und seinem eigenen außenpolitischen Programm: Deutschland sollte Europa überlassen werden, jenen hingegen die gesamte übrige Welt.

Wir wissen das, weil Hitler nicht nur wiederholt jede Ambition bestritt, das Britische Empire weltweit herauszufordern, sondern wie er ebenfalls seinen Respekt vor der Monroe-Doktrin (zumindest in seinem Verständnis) deutlich machte. Bereits 1923 berichtete er einer amerikanischen Zeitung von seinen Plänen für eine „Monroe-Doktrin für Deutschland".29 „Unsere ganze Bewegung", verkündete er Mitte Oktober 1930, „zielt auf eine deutsche Monroe-Doktrin. Sie fordert Deutschland für die Deutschen, ebenso wie Amerika Amerika für die Amerikaner fordert".30 Ein Jahr später bekräftigte Hitler seine Überzeugung, dass die Vereinigten Staaten als Modell für Deutschland dienen sollten, sowohl nach innen als auch nach außen. „Es war Amerika", sagte er der New York Times, „das trotz seines enormen Territoriums das erste Land war, das uns durch das Einwanderungsgesetz lehrte, dass eine Nation ihre Türen [nicht] gleichermaßen für alle Rassen öffnen sollte. Lasst China den Chinesen, Amerika den Amerikanern und Deutschland den Deutschen." Hitler betonte, mit anderen Worten: „Wir wollen nichts als eine

---

28 *Hitler*, Reden. Bd. II/A, S. 82.
29 *Rob Dorman*, Monroe Doctrine for Germany, Standard Examiner, September 1923. Ich danke Tom Weber für diesen Hinweis.
30 Interview, 4.10.1930, *Hitler*, Reden, Bd. IV/1, S. 5; Interview, 14.10. 1930, Bd. IV/1, S. 21.

Monroe-Doktrin für deutsche Männer, Frauen und Kinder"[31], damit im Grunde eine Teilung der Welt in zwei Hemisphären, gemeinsam mit den anglo-amerikanischen Mächten, aber nicht unbedingt auf der Grundlage beiderseitiger Kooperation, sondern vielmehr auf der Basis einer Vereinbarung gegenseitiger Nichteinmischung in die Angelegenheiten des jeweils anderen.

Hitler hatte eine besondere Verachtung für diejenigen, die dachten, Deutschland sollte die Lösung seiner Probleme in einem vereinigten „Europa" suchen. Das neunte Kapitel seines zweiten Buches betitelte er pointiert „Weder Grenzpolitik noch Wirtschaftspolitik noch Paneuropa".[32] Hitlers Einwand richtete sich nicht gegen die Vorstellung, die Vereinigten Staaten als solche einzudämmen, sondern gegen die Wünschbarkeit und Praktikabilität, dies durch die europäische Integration zu erreichen. Er räumte ein, „die paneuropäische Bewegung scheint wirklich für diese wenigstens im ersten Augenblick manches Bestechende für sich zu haben". Es überrascht jedoch nicht, dass Hitler nicht nur auf die Person Coudenhoves, der wegen seiner österreichisch-japanischen Herkunft als „Mischling" galt, allergisch reagierte, sondern auch auf dessen Vision eines vereinten Europas als eine Art neues Habsburgerreich in größerem Stil. „Dieses Paneuropa, nach Auffassung des Allerweltsbastards Coudenhove", donnerte er, „würde gegenüber der amerikanischen Union einst dieselbe Rolle spielen wie der altösterreichische Staat gegenüber Deutschland oder Russland."[33]

*

Während dieser Zeit konzentrierte sich Carl Schmitts Aufmerksamkeit weitgehend auf andere Themen wie Politische Theologie, Weimarer Verfassung und „Dezisionismus". Über die konkrete

---

[31] Artikel 7.12.1931, *Hitler*, Reden, Bd. IV, 2, S. 252; Interview, 20.12.1931, Bd., IV/2, S. 299–300; Rundfunk, 11.12.1931, Bd., IV/2, S. 259.
[32] *Hitler*, Reden, Bd. II/A, S. 78. Zu Hitlers Haltung gegenüber Coudenhove-Kalergi siehe auch *Dina Gusejnova*, European Elites and Ideas of Empire 1917–1957, Cambridge 2016, S. 195–196.
[33] *Hitler*, Reden, Bd. II/A, S. 91.

Großraum-Frage scheint er sich damals noch keine Gedanken gemacht zu haben. Allerdings befassten sich viele seiner Schriften mit demselben Thema, mit dem Hitler und viele andere Deutsche beschäftigt waren, nämlich mit dem Scheitern des wilhelminischen Deutschlands und mit der Frage, was Deutschland tun müsse, um nicht noch einmal besiegt zu werden.[34] Die besondere Frage nach Deutschlands Ohnmacht und nach seiner Kolonisierung durch die Siegermächte fand ihren Ausdruck etwa in den Überlegungen zum Rheinland, wo Niederlage und Besetzung besonders stark zu spüren waren. Der aus dem nahen Westfalen stammende Schmitt begann seine Karriere an der Universität Straßburg, die nach 1918 an Frankreich zurückfiel, lehrte von 1922 bis 1928 an der Universität Bonn und erlebte den Einmarsch der Franzosen hautnah mit.[35]

Schmitt interpretierte den Vertrag von Versailles und das, was er als anglo-amerikanisch inspiriertes Völkerrecht im Allgemeinen ansah, als ein anglo-amerikanisches Projekt zur Untergrabung der Souveränität unabhängiger Staaten, vor allem der des Deutschen Reiches.[36] Der Titel von Schmitts späterer Aufsatzsammlung „Positionen und Begriffe im Kampf mit Weimar – Genf – Versailles 1923–1939" brachte es auf den Punkt. Es war nicht nur der feindliche Nationalismus, sondern der anglo-amerikanische Internationalis-

---

[34] Zu Schmitts Beschäftigung mit dem Scheitern des wilhelminischen Deutschlands siehe auch *Nicolaus Sombart*, Die deutschen Männer und ihre Feinde. Carl Schmitt – ein deutsches Schicksal zwischen Männerbund und Matriarchatsmythos, München/Wien 1991; Frankfurt 1997, S. 10 u. passim.

[35] *Carl Schmitt*, Die Rheinlande als Objekt internationaler Politik, in: Günter Maschke (Hrsg.), *Carl Schmitt*, Frieden oder Pazifismus? Arbeiten zum Völkerrecht und zur internationalen Politik 1924–1978, Berlin 2005, S. 26–50; *Joshua Smeltzer/Duncan Kelly*, Carl Schmitt and the theory of occupation in the Early Weimar Republic, in: Annabel S. Brett/Megan Donaldson/Martti Koskenniemi (eds.), History, politics, law. thinking internationally, Cambridge 2021.

[36] *Joshua Derman*, Modern imperialism and international law. Carl Schmitt and Ernst Rudolf Huber on the „international legal order of great spaces", in: Jeremy Adelman (ed.), Empire and the social sciences. Global histories of knowledge, London 2019, S. 127 passim; *Carl Schmitt*, ‚Völkerrechtliche Probleme im Rheingebiet', Rheinische Schicksalsfragen, Berlin 1929, S. 76–89, wieder abgedr. in: *Maschke*, Frieden oder Pazifismus?, S. 255–273.

mus des Völkerbundes, der Deutschland der Erniedrigung des Weimarer Staates aussetzte. Er sah in der Behandlung des Rheinlandes und in der Errichtung einer alliierten Hohen Kommission nur weitere Beispiele für die Art eines „Unterwerfungsvertrages", den die Briten etwa Ägypten auferlegten, und der jetzt umso abscheulicher erschien, als er nun sogar anderen Europäern aufgebürdet wurde. Schmitt definierte damals die Monroe-Doktrin vornehmlich als eine amerikanische Forderung, von einer derartigen Behandlung selbst ausgenommen zu werden, sie aber in der eigenen Nachbarschaft Mittel- und Südamerikas anzuwenden. Deshalb forderte er damals noch keine entsprechende deutsche Doktrin; Hitler war ihm in dieser Hinsicht sicherlich voraus.

Allerdings ist die Überschneidung zwischen Hitlers und Schmitts Denken nicht zu verkennen. Beide fürchteten die „angelsächsische" Macht und die Forderungen des „Internationalismus". Wenn ich Schmitts und Hitlers Konzeption hier nebeneinander stelle, möchte ich jedoch in keinem Fall suggerieren, dass Ersterer bereits damals Nationalsozialist gewesen sei. Im Gegenteil, als hochrangige Reichswehroffiziere ernsthaft erwogen, einer nationalsozialistischen Machtübernahme militärisch zuvorzukommen, war es gerade Schmitt, der sie über die verfassungsrechtlichen Aspekte einer solchen Option beriet.[37]

Erst 1939 artikulierte Schmitt das Konzept, das diesem Vortrag seinen Titel gegeben hat. Hintergrund seiner Äußerungen war einerseits die rasche Zunahme deutscher Macht und territorialer Ausdehnung als Folge der Expansionspolitik Adolf Hitlers und andererseits der wachsende anglo-amerikanische Widerstand dagegen. Besonders verärgert war Schmitt über die beiden Reden von US-Präsident Roosevelt vom Januar und April 1939, die das Dritte Reich als Bedrohung der internationalen Ordnung verurteilten. Als Antwort forderte Schmitt, um den Titel seines Vortrags zu zitieren, eine „völkerrechtliche Großraumordnung mit Interventionsverbot für

---

[37] *Wolfram Pyta*, Hindenburg. Herrschaft zwischen Hohenzollern und Hitler, Berlin 2007, S. 761. Siehe auch *Winfried Heinemann*, Der 20. Juli als militärisches Geschehen, Militärgeschichte. Zeitschrift für historische Bildung 2 (2019), S. 5.

Die deutsche Reaktion auf die Niederlage im I. Weltkrieg 23

raumfremde Mächte".[38] Er sollte die darin behandelten Themen in den nächsten drei Jahren in verschiedenen Schriften und Artikeln weiter ausführen. Wenn Schmitts Werk voll von dem ist, was er und die Literatur „Wendungen" nennen, dann war dies seine Wendung zum Raum oder zu veränderten Raumdimensionen.

Der Kern von Schmitts Argumentation war ein antiuniversalistischer. Anstelle einer Weltordnung auf der Grundlage bestimmter allgemeingültiger Prinzipien, die er nur als Deckmantel des angloamerikanischen Imperialismus auf der Grundlage des Interventionsrechts betrachtete, forderte Schmitt die Errichtung eines Systems, das auf geographisch klar abgegrenzten Großräumen basierte. Diese würden nach organischen „nationalen" Prinzipien organisiert. Außenstehende Mächte – „raumfremde Mächte" in Schmitts Sprachgebrauch – dürften außerhalb ihres eigenen Großraums nicht eingreifen und sie sollten es auch nicht versuchen. Schmitt berief sich dabei ausdrücklich auf die Monroe-Doktrin. Nur diese Form der internationalen Ordnung könne, wenn sie von allen Beteiligten akzeptiert werde, ideologisch motivierte Vernichtungskriege verhindern und als Basis für internationale Stabilität dienen. Das Gleichgewicht von *Großräumen* würde den Weltfrieden garantieren.

In Schmitts Konzeption sollte jeder Großraum in seinem Kern über ein *Reich* verfügen, das seine Macht in den Raum „ausstrahlt".[39] Der Großraum war also nicht deckungsgleich mit dem Reich als Kern, sondern größer. Auch hier übernahm Schmitt das Modell der Monroe-Doktrin, die seiner Ansicht nach den Vereinigten Staaten eine hegemoniale Rolle gegenüber den anderen (zumindest nominell) unabhängigen Staaten der westlichen Hemisphäre einräumte. Schmitt hat nicht genau formuliert, welche Art von Macht in den Großraum hinein „strahlen" würde, aber es ist klar, dass er viel weniger eine direkte militärische Besetzung und zugleich viel mehr als

---

[38] *Carl Schmitt*, Völkerrechtliche Großraumordnung mit Interventionsverbot für raumfremde Mächte. Ein Beitrag zum Reichsbegriff im Völkerrecht, 4. Aufl., Berlin 2022, wieder abgedr. in: Günter Maschke (Hrsg.), *Carl Schmitt*, Staat, Großraum, Nomos. Arbeiten aus den Jahren 1916–1969, Berlin 1995, S. 269–371.

[39] Siehe *Felix Blindow*, Carl Schmitts Reichsordnung. Strategie für einen europäischen Großraum, Berlin 1999.

nur wirtschaftlichen Einfluss meinte. Einige der nichtdeutschen Gemeinwesen wären Protektorate (wie Böhmen und Mähren), einige Klientelstaaten und einige sollten wirklich unabhängig sein, aber innerhalb des deutschen Machtraums verbleiben. Der Hegemon, d. h. Berlin, würde die kritische „Freund/Feind"-Entscheidung treffen, ob ein Krieg geführt werden soll.

Schmitts kaum zu bestreitender Antisemitismus spiegelt sich in seinem Großraumdenken wider. Die Juden galten ihm seit geraumer Zeit als Vertreter einer normativen Rechtstheorie mit universellem Anspruch.[40] In diesem Sinne waren sie mit den Briten ‚auf einer Wellenlänge'. Sie waren ebenfalls, wie er behauptete, „artfremd" zum „Raum". In seiner *Völkerrechtlichen* Großraumordnung (1939) sprach Schmitt von „dem mittel- und osteuropäischen[n] Raum, in dem viele, aber – von den Juden abgesehen – einander nicht artfremde Völker und Volksgruppen leben".[41] Die Juden sollten also aus dem Großraum, vielleicht sogar aus allen *Großräumen*, ausgeschlossen oder verdrängt werden, da sie aufgrund ihres vermeintlichen Internationalismus dem Konzept der Raumordnung zuwiderliefen.

Eine genaue geographische Definition des deutschen Großraums hat Schmitt meines Wissens nicht gegeben. Sein Großraum war eher ein georechtlicher als ein geopolitischer Raum. Dennoch waren seine Konturen klar und wurden in den folgenden drei Jahren weiter ausgearbeitet. Der Großraum musste groß genug sein, um wirtschaftlich autark zu sein, und stark genug, um Angriffe von außen abzuwehren, selbst wenn sie durch Flugzeuge und Raketen erfolgten. Und schließlich musste er innerlich homogen sein – europäisch, weiß, christlich und terran. Vor allem für die Juden wäre kein Platz vorhanden. Ohne einen solchen Großraum, so Schmitt, hätten die Deutschen jedes Recht verwirkt, den entscheidenden Unterschied zwischen Freund und Feind zu definieren.

Stellte das Großraum-Konzept zweifellos einen Anspruch auf eine deutsche Hegemonie in Europa dar, so war es ausdrücklich keine Vision für eine Weltherrschaft. Im Gegenteil, die ganze Stoßrichtung

---

40 Siehe dazu generell *Raphael Gross,* Carl Schmitt und die Juden. Eine deutsche Rechtslehre, Frankfurt a. M. 2000.
41 *Schmitt,* Völkerrechtliche Großraumordnung, S. 47 bzw. S. 294.

der Großraum-Theorie bestand darin, die Existenz anderer, vielleicht konkurrierender, aber gleichzeitig legitimer Großräume anzuerkennen. Im Gegensatz zum anglo-amerikanischen Völkerrecht – oder zumindest zu dessen Interpretation durch Schmitt – artikulierte er eine Doktrin der Begrenzung und sogar der Koexistenz. Angedacht war nicht nur ein multipolares System, sondern auch eine Pluralität politischer Systeme.

Dieser Großraum war sowohl ein imperiales als auch ein antikoloniales Projekt. Einerseits sollte es Deutschland von der angloamerikanischen Bevormundung emanzipieren. Andererseits stellte es auch nichtdeutsche Bestandteile des Großraums unter nationalsozialistische Herrschaft. Diese beiden Aspekte waren für Schmitt eng miteinander verbunden, weil das Reich in seiner Sicht nur durch die Kontrolle eines „größeren Raumes" die eigene kritische Masse sichern konnte, um eine Unterwerfung Deutschlands unter die Kräfte des internationalen Kapitalismus und des anglo-amerikanischen Imperialismus zu verhindern. Nur durch eine „völkische Großraumordnung", argumentierte Schmitt, könne man dem „imperialistischen Völkerrecht der westlichen Demokratien" und dem damit verbundenen „universalistisch-imperialistischen Weltrecht" entkommen.[42]

Schmitts Vision ist auch als Aufforderung an die Vereinigten Staaten zu verstehen und als Versuch, die „angelsächsische" Welt zu spalten. Die Briten, so behauptete er, verfolgten letztendlich „universale" Ziele und seien daher anfällig dafür, ihren Feinden die Legitimität und sogar ihre Humanität abzusprechen, um bestimmte extreme Maßnahmen – wie etwa eine Blockade – gegen sie zu rechtfertigen. Sie seien unversöhnlich, sozusagen der deutsche „Erbfeind", obwohl Schmitt dieses Wort nie benutzte. Dagegen sollte es möglich sein, mit den Amerikanern zu verhandeln, solange sie an ihrem eigenen Großraum im Rahmen der Monroe-Doktrin festhielten. In seinem Artikel „Die Raumrevolution" vom September 1940 bemerkte Schmitt, die Hauptfrage bestehe darin, „welche Front die andere angelsächsische Macht, die Vereinigten Staaten von Amerika, beziehen werden, ob sie sich zu dem ursprünglichen und unverfälschten kontinentalen Großraumgedanken der Monroe-Doktrin

---

[42] *Schmitt*, Völkerrechtliche Großraumordnung, S. 63 bzw. S. 306.

entschließen, oder ob sie eine Verbindung oder gar Fusion mit dem Reichtum und der Tradition des britischen Universalismus eingehen wollen".[43]

---

[43] *Carl Schmitt*, Die Raumrevolution. Durch den totalen Krieg zu einem totalen Frieden, zuerst erschienen in der Wochenzeitschrift Das Reich v. 29.9.1940, wieder abgedr. in: *Schmitt*, Staat, Großraum, Nomos, S. 391.

Das Konzept des Großraums während des II. Weltkriegs. Nationalsozialistische Geopolitik versus universale Ordnungssysteme

Wie wir sehen werden, stimmten Schmitts Ansichten in den Jahren 1939–1942 weitgehend mit denen Hitlers überein. Die Konzeptionen des „Führers" war jedoch nicht von Schmitt abgeleitet. Hitler hatte schon seit einiger Zeit seine Raumkonzeption entwickelt und über die Monroe-Doktrin nachgedacht, lange bevor der Jurist sie ausführlich thematisieren sollte. Wenn Schmitt selbst, Günter Maschke und andere behauptet haben, NS-Funktionäre hätten Schmitt davor gewarnt, die Originalität von Hitlers Gedanken zur Monroe-Doktrin in Frage zu stellen, dann hatten sie völlig recht damit, denn der „Führer" hatte – wie wir gesehen haben – seine eigenen Ideen hierzu bereits fast zwanzig Jahre früher als Teil eines wohldefinierten eigenen Raumkonzepts formuliert.[44]

Das Missverständnis entstand, weil Hitler in Reaktion auf die Kritik von US-Präsident Roosevelt und kurz nach Schmitts Vortrag im April 1939 forderte, dass die Vereinigten Staaten seinen Einflussbereich in Europa anerkennen sollten, während er den Washingtons in Amerika anerkennen würde. Wenn Roosevelt, der Präsident eines geographisch abgelegenen Landes, Garantien für das deutsche Verhalten in Europa verlange, dann hätte das Reich sicherlich – so argumentierte der Führer – „das gleiche Recht", die gleiche Frage an die US-Politik in mittel- und südamerikanischen Staaten zu stellen. Wenn Roosevelt sich auf die Monroe-Doktrin berief und alle deut-

---

[44] Siehe dazu Maschke in *Schmitt, Staat, Großraum, Nomos*, S. 347–348. Für eine skeptische Einschätzung des Einflusses von Schmitt auf das strategische Denken der Nazis siehe *Jürgen Elvert*, Carl Schmitt. Ein Vordenker nationalsozialistischer Großraumplanung?, in: Historische Mitteilungen, 19 (2006), S. 260–276, bes. S. 272–274.

schen Forderungen als „Einmischung in die inneren Angelegenheiten des amerikanischen Kontinents" ablehnte, dann könnte Deutschland sicherlich dasselbe Argument vorbringen. „Genau die gleiche Doktrin vertreten Deutsche", fuhr der „Führer" fort, „nun für Europa und auf alle Fälle aber für den Bereich und Belange des Großdeutschen Reiches".[45]

Anfang 1940 äußerte Hitler beim Besuch des US-Unterstaatssekretärs Sumner Welles die gleichen Vorstellungen.[46] Er wies deutsche Diplomaten an, Welles mitzuteilen, dass ebenso wie die Vereinigten Staaten eine europäische Einmischung in die westliche Hemisphäre gemäß der Monroe-Doktrin ablehnten, „Deutschland den osteuropäischen Raum als sein Interessengebiet betrachtete".[47] Drei Monate später kehrte Hitler in einem Interview mit dem prominenten deutsch-amerikanischen Journalisten Karl von Wiegand zu seiner frühen Vorstellung einer Teilung der Hemisphären im Stil der Monroe-Doktrin zurück. Er wiederholte sein Desinteresse nicht nur an Nordamerika, sondern auch an Südamerika. Als Gegenleistung forderte er nur, dass „Amerika sich nicht in europäische Angelegenheiten einmengen solle", und berief sich dabei auf niemand anderen als George Washingtons Äußerungen hierzu (in seiner „Farewell Adress" von 1796): „Amerika den Amerikanern", forderte Hitler, „Europa den Europäern".[48]

Das Dritte Reich versuchte sogar, Stalin für diese Vorstellung zu interessieren. Der deutsch-sowjetische Pakt von 1939 schien die Möglichkeit eines eurasischen Blocks zu eröffnen, der sich (nach dem Fall Frankreichs) vom Atlantik bis nach Japan erstreckte. Au-

---

[45] *Max Domarus*, Hitler. Reden und Proklamationen 1932–1945, Würzburg 1962 f., Rede v. 28.4.1939, Band III, S. 1.148–1.179 (Erwiderung auf Roosevelt, S. 1,167–79).
[46] *Stanley Hilton*, The Welles mission to Europe, February–March 1940. Illusion or realism?, in: The Journal of American History 58 (1971), S. 93–120, bes. S. 93, 95–6, 103, 110 et passim.
[47] ‚Richtlinien des Führers für die Unterhaltung mit Sumner Welles', 29.2.1940, *Domarus*, Band III, S. 1.470.
[48] Interview, 15.6.1940, *Domarus*, Band III, S. 1.524. (Das korrekte Datum des Interviews ist 9. Juni 1940). Siehe auch *Gruchmann*, Nationalsozialistische Großraumordnung, S. 160–161.

ßenminister Joachim von Ribbentrop war ein starker Befürworter, und auch Schmitt befürwortete einen Ausgleich mit Russland. Hitler selbst scheint mit dem Gedanken gespielt zu haben. Bei seinem Treffen mit dem sowjetischen Außenminister Molotow im November 1940 bot er der Sowjetunion eine Einflusssphäre nach Art der Monroe-Doktrin an, die weitgehend auf Kosten Großbritanniens zu gewinnen wäre. Das Problem war jedoch, dass die Großräume des Dritten Reiches und der Sowjetunion nicht nur benachbart waren, sondern sich überschnitten, indem beide die Vorherrschaft über Polen, den Balkan und die Ukraine beanspruchten. Tatsächlich hatte Hitler schon seit langem geplant, von Russland den Lebensraum, die Nahrungsressourcen und die Rohstoffe zu nehmen, die er brauchte, um das Gewicht Anglo-Amerikas auszugleichen. Dies war die Hauptmotivation für seinen Einmarsch in die Sowjetunion im Juni 1941.

In diesem Zusammenhang war das kaiserliche Japan der ideale Verbündete für das nationalsozialistische Deutschland. Ihre jeweiligen Großräume waren völlig verschieden. Das Großdeutsche Reich überschnitt sich nicht mit Japans „Großostasiatischer Wohlstandssphäre". Tatsächlich waren die beiden Räume so weit voneinander entfernt, dass beide Seiten Schwierigkeiten hatten, ihre militärische Zusammenarbeit zu koordinieren.[49] Stattdessen war ihr Zusammenschluss vor allem motiviert durch ihre grundsätzliche Gegnerschaft zum anglo-amerikanischen Imperialismus und dessen „Plutokratie". Am deutlichsten artikulierte sich diese Auffassung im Dreimächtepakt vom September 1940, der Japan, das Deutsche Reich und das faschistische Italien umfasste. Sie forderten nachdrücklich eine Monroe-Doktrin für sich selbst und argumentierten, dass der Weltfrieden nur dann garantiert werden könne, wenn alle wichtigen Akteure innerhalb ihres eigenen Raumes verblieben. (Schmitt lobte diese Entwicklung in „Die Raumrevolution").

---

[49] Siehe *Brendan Simms/Charlie Laderman*, Von Pearl Harbor bis zur Kriegserklärung an die USA – Wie sich 1941 das Schicksal der Welt entschied, Stuttgart 2021, S. 517–518. Die japanischen Großraumbestrebungen werden nach Schmittschen Kriterien analysiert von *Muwon Hong*, Die Großraumtheorie von Carl Schmitt im Vergleich mit dem ostasiatischen Völkerrechtsverständnis, Berlin 2019, S. 212–306.

*

Entgegen der Behauptung Schmitts führte die Großraumpolitik nicht zum Weltfrieden, weil sie – wie in Hitlers Vision – ohne Krieg nicht zu verwirklichen war. In den zweieinhalb Jahren nach der Verkündung des Konzepts Anfang 1939 begann das nationalsozialistische Deutschland mit einem Programm militärischer Aggressionen, beginnend mit der Invasion Polens, über die Besetzung des größten Teils Europas im Jahr 1940, den Angriff auf die Sowjetunion bis hin zu Hitlers Kriegserklärung an die Vereinigten Staaten im Dezember 1941. In ihren jeweiligen Perspektiven sahen Hitler und Schmitt dies natürlich anders. Für sie spiegelte das Scheitern einer Einigung die Tatsache wider, dass die Amerikaner – bedauerlicherweise – nicht in ihrem Raum bleiben würden. Im Gegenteil, die Vereinigten Staaten unter Präsident Roosevelt verrieten Schmitts und Hitlers Verständnis für die Folgerungen aus der Monroe-Doktrin und entschieden sich offen für britische „universalistische" Konzepte und damit für einen Konflikt mit dem Dritten Reich.

Für diese Ansicht kann man Verständnis haben. Schon vor dem Kriegseintritt der USA artikulierten London und Washington immer offener die Idee einer gemeinsamen Weltdominanz, die auf ihrer angelsächsischen Verwandtschaft und ihrem Bekenntnis zu demokratischen Werten beruhte. „Tyranneien brauchen möglicherweise einen großen Lebensraum", schrieb Henry Luce, der legendäre Herausgeber des Life Magazine, in einem viel diskutierten Artikel vom Februar 1941, „aber die Freiheit braucht und wird weitaus mehr Lebensraum brauchen als die Tyranneien." „Frieden kann nicht von Dauer sein", fuhr er fort, „es sei denn, er besteht in einem sehr großen Teil der Welt."[50] Ein Aufeinanderprallen zweier Ordnungskonzepte, das des nationalsozialistischen Lebensraums einerseits und das einer anglo-amerikanische Freiheit andererseits, das eine noch grenzenloser als das andere, war unvermeidlich. Die Botschaft von Roosevelt und seinen Anhängern in der amerikanischen Öffentlichkeit hätte nicht klarer sein können. In ihrem Weltbild war kein Platz für den erwei-

---

50 *Henry Luce*, Life Magazine, 17.2.1941. Siehe auch zu dem geopolitischen Rahmen *Nicholas Spykman*, America's Strategy in World Politics. The United States and the Balance of Power, New York 1942.

Das Konzept des Großraums während des II. Weltkriegs

terten deutschen Großraum, und Hitler wusste es. Wenn die Amerikaner heute die westliche Hemisphäre sichern würden, wäre es morgen die Welt.[51]

Im Sommer und Herbst 1941 spitzte sich die Lage zu. Die Amerikaner verstärkten die Lieferung von Ausrüstungsgütern an Großbritannien im Rahmen des „Lend Lease Act" – und das praktisch kostenlos. Auf hoher See griffen die US-Kriegsschiffe deutsche U-Boote an. Mitte August 1941 trafen sich Roosevelt und Churchill vor Neufundland und vereinbarten die Atlantik-Charta, in der beide Länder – von denen eines formal noch nicht kriegführend war – eine Neuordnung der Welt nach der Niederlage der Achsenmächte in Aussicht stellten. Aus Hitlers Sicht befand er sich also bereits im Krieg mit den Vereinigten Staaten. Als Japan am 7. Dezember die US-Pazifikflotte in Pearl Harbor angriff, erklärte er Amerika vier Tage später den Krieg.[52] Nach Ansicht des „Führers" war dies ein Akt der Selbstverteidigung und keine Aggression.

Obwohl Hitler in anderer Hinsicht notorisch unzuverlässig war, praktizierte er wirklich, was er in Bezug auf die Monroe-Doktrin predigte, zumindest bis 1942. Er hielt sich weitgehend an seine Raumvorstellung. Hitler errichtete oder suchte keine Kolonien oder Stützpunkte in Übersee. Erst nach dem Zusammenbruch der italienischen Kriegsanstrengungen ließ er sich eher widerwillig auf einen Krieg in Nordafrika ein. Zwar zog er Anfang 1942 im Indischen Ozean eine grandiose Trennlinie zu den Japanern, aber das war nach dem amerikanischen Kriegseintritt. Natürlich fehlten Deutschland zu diesem Zeitpunkt die Mittel, um etwas anderes zu tun, aber alles deutet darauf hin, dass Hitler die Vereinigten Staaten eher abschrecken als unterwerfen wollte. Nach seiner Auffassung war der „Führer" nicht ausgezogen, um gegen andere Großräume zu kämpfen; sie waren gekommen, um ihn anzugreifen.

Ebenso war Schmitt der Ansicht, dass der Krieg das Ergebnis der mangelnden Bereitschaft der Anglo-Amerikaner war, eine multipola-

---

[51] *Stephen Wertheim*, Tomorrow the world. The birth of US global supremacy, Cambridge/Mass., 2020.
[52] *Brendan Simms/Charlie Laderman*, Von Pearl Harbor bis zur Kriegserklärung an die USA, S. 439–460.

re Weltordnung zu akzeptieren. Als Beweis führte er eine Rede an, die US-Kriegsminister Henry Stimson im Juni 1941 vor Kadetten in West Point hielt, nicht lange vor Beginn der Operation Barbarossa. Darin erklärte der Amerikaner, dass die Welt zu klein sei, um zwei so gegensätzliche Systeme wie die Vereinigten Staaten und die Achsenmächte zu beherbergen. Schmitt konterte später mit den Worten: „Unsere Welt ist groß genug für 5 Großmächte".[53]

Schmitt entwickelte sein Großraumdenken in zwei Arbeiten weiter, die publiziert wurden, nachdem die globalen Schlachtlinien klar geworden waren. Im April 1942 veröffentlichte er einen Artikel, in dem er behauptete, Roosevelt habe die Monroe-Doktrin aufgegeben und suchte „die überkommene, auf eine Seemacht gestützte britische Weltherrschaft als anglo-amerikanische See- und Weltherrschaft zu übernehmen und weiterzuführen".[54] Er führte diesen Ehrgeiz auf den berühmten amerikanischen Marinetheoretiker Alfred Thayer Mahan zurück, den er als den Apostel von „freiem Weltmarkt, freiem Welthandel, Freizügigkeit der Arbeit und des Goldes mit der Prognose einer universalen angelsächsischen Weltmacht" ansah.[55] Aber das Deutsche Reich und die vorrückenden Japaner, argumentierte Schmitt, hätten den Trugschluss dieses „Universalismus" aufgedeckt und die „Unwiderstehlichkeit des modernen Großraumgedankens" gezeigt. Er begrüßte nun das Ende „eines Weltkapitalismus" mit seinen ständigen Interventionen und seinem Anspruch, die Geschicke der Welt zu kontrollieren.[56]

Im selben Jahr nahm Schmitt in seinem legendären Büchlein „Land und Meer" erneut die Briten ins Visier. Darin zeichnete er die Entwicklung der englischen Seemacht von ihren Wurzeln in der glorreichen Piraterie mit ihrem „Korsaren-Kapitalismus" bis zum

---

[53] So *Philip Manow*, ‚Europas Kampf um Einflusszonen und Wirtschaftsraum', in: Wirtschaftswoche, 49, 2.12.2022, S. 43, er zitiert dort aus dem bisher noch unveröffentlichten Tagebuch Schmitts vom 9. März 1943. Mir war es bisher noch nicht möglich, den Originaltext von Stimsons Rede einzusehen.

[54] *Carl Schmitt*, Beschleuniger wider Willen oder: Problematik der westlichen Hemisphäre, zuerst erschienen in der Wochenzeitschrift Das Reich v. 19.4.1942, wieder abgedr. in: *Schmitt, Staat, Großraum, Nomos*, S. 431.

[55] *Schmitt*, S. 432.

[56] *Schmitt*, S. 433–434.

britischen Empire des frühen 20. Jahrhunderts nach. Schmitt betrachtete diese Verlagerung vom „Land" zum „Meer" als eine „planetarische Raumrevolution", in deren Folge Deutschland politisch marginalisiert worden sei, während Großbritannien seinen Einfluss über einen Großteil der Welt hatte ausdehnen können. Bemerkenswert ist, dass der „Feind" – auch nach dem 22. Juni 1941 – ganz klar die angelsächsische Welt war, nicht der sowjetische Kommunismus.[57] Tatsächlich wurde „Land und Meer" plausibel auch als verdeckte Kritik an Hitlers Bruch des deutsch-sowjetischen Pakts gelesen. Denn die beiden zeitweilig Verbündeten waren Landmächte mit gemeinsamen Interessen gegen die allmächtigen angelsächsischen Seeungeheuer.

Jetzt aber hatte das Wachstum der Luftmacht eine „dritte Dimension" hinzugefügt. Es war eine neue „Raumwaffe", deren Element weniger die „Luft" als vielmehr das „Feuer" war. Zweifellos dachte Schmitt an den Angriff der Luftwaffe auf Großbritannien und argumentierte, dass „die Grundlage der britischen Seeaneignung wegfällt und damit das, was bis jetzt der Nomos der Erde war". Er proklamierte nun „den neuen Nomos unseres Planeten", der „unaufhörlich und unaufhaltsam" im Wachsen begriffen sei.

Es sollte aber nicht sein. Die Welt wurde nicht neu verteilt, zumindest nicht zu Gunsten Deutschlands oder Japans. Die imperialen Ansprüche der Angelsachsen versanken nicht im Feuersturm; im Gegenteil: Das ‚Feuer aus der Luft', das Deutschland über Warschau, Rotterdam und London entfachte, regnete am Ende auf das Reich selbst herab. Die Briten erwiesen sich als Meister der Luft und des Meeres. Eine Stadt nach der anderen fiel durch die Angriffe der Royal Air Force in Schutt und Asche.[58] Wie der Planer dieser Kampagne, Air Chief Marshall Arthur Harris, bemerkte, hatten die Nazis „Wind gesät", aber sie „ernteten den Wirbelsturm".

---

[57] Schmitt hat wenig zu kommunistischen Rechtssystemen beigetragen, obwohl seine Überlegungen sinnvollerweise auf die Sowjetunion angewendet werden können; siehe *Anna Lukina*, ‚Between exception and normality. Schmittian dictatorship and the Soviet Legal Order', in: Ratio Juris 35, June (2022), S.139–157, bes. S. 139.
[58] *Jörg Friedrich*, Der Brand. Deutschland im Bombenkrieg 1940–1945, München 2002.

Carl Schmitts verändertes Großraum-Konzept im Kalten Krieg

Wenn Schmitt sich über das Scheitern seines NS-Großraum-Konzepts in irgendeiner Weise grämte, ließ er es sich jedenfalls nicht anmerken. Im Gegenteil, er passte seine Theorien an den neuen Kontext an. So wie Schmitt vor 1945 wenig über den Kommunismus und die Sowjetunion zu sagen hatte, erwähnte er sie während des Kalten Krieges kaum; sie waren sicherlich nicht sein Hauptfeind. Das blieben die „universalen" Ansprüche des Westens, die jetzt einfach in neuem Gewand serviert wurden. Da er den alten Völkerbund ablehnte, war er auch kein Freund der Vereinten Nationen. „Wir sind uns bewusst", schrieb Schmitt, „dass die UNO nichts anderes ist als der Reflex der bestehenden Ordnung und leider auch der Unordnung".[59] In seinem Aufsatz „Die geschichtliche Struktur des heutigen Weltgegensatzes von Ost und West", inspiriert von Ernst Jüngers „Der Gordische Knoten", passte Schmitt die bekannten geopolitischen Ideen von Halford Mackinder seinen eigenen Zwecken an. „Die geschichtliche Aufgabe der Insel-Bewohner, *World-Islanders*", schrieb er, den ursprünglichen Sinn des Textes etwas verzerrend, „ist es, das feste Land mit ozeanischer Freiheit – *oceanic freedom* – zu durchdringen".[60] Diese Mission, die einst britisch und später anglo-amerikanisch gewesen sei, erschien jetzt als eine allgemeine Mission des Westens; sie wurde von Schmitt entschieden abgelehnt. Zu dieser Zeit erlebte Mackinder eine Renaissance in den

---

[59] *Carl Schmitt*, Die Ordnung der Welt nach dem Zweiten Weltkrieg, in: *Schmitt*, Staat, Großraum, Nomos, S. 593.

[60] *Carl Schmitt*, Die geschichtliche Struktur des heutigen Welt-Gegensatzes von Ost und West. Bemerkungen zu Ernst Jüngers Schrift „Der Gordische Knoten", zuerst erschienen in: *Armin Mohler* (Hrsg.), Freundschaftliche Begegnungen. Festschrift für Ernst Jünger zum 60. Geburtstag, Frankfurt a. M. 1955, S. 143, wieder abgedr. in: *Schmitt*, Staat, Großraum, Nomos, S. 528.

Vereinigten Staaten, wo die Befürchtung weit verbreitet war, dass der Weltkommunismus das eurasische „Herzland" und damit die Welt beherrschen würde.[61]

In seinem fortwährenden Streben nach politischer Multipolarität galten Schmitts Sympathien dem weltweiten Widerstand gegen diese Ordnung. Dies erklärt seine überraschend positive Haltung gegenüber dem Phänomen des „Partisanen". Wenn vieles von dem, was er sagte, ein Loblied auf die spanische Guerilla war, die gegen Napoleon kämpfte, war die zeitgenössische Implikation zugunsten des Freiheitskämpfers, der gegen den Westen kämpfte, klar.[62] Schmitt sah in ihm eine bodenständige – „tellurische" – Figur, deren Bodenhaftung er verteidigte in konsequenter Gegensetzung zum wurzellosen Universalismus seiner Gegner. Aber die eigentliche Aufgabe, den Universalismus einzudämmen und die Multipolarität zu bewahren, würde wie immer mächtigeren Akteuren zufallen. Schmitts Begriffe „Großraum" und „Land und Meer" gewannen damit eine neue Bedeutung.

In seiner „Ordnung der Welt nach dem Zweiten Weltkrieg" ging Schmitt auf das aus seiner Sicht „entscheidende Problem" ein. „Auf welche Weise", fragte er, „wird sich der Gegensatz zwischen dem Dualismus des Kalten Krieges und dem Pluralismus der Großräume lösen? [...] Wird sich der Dualismus des Kalten Krieges verschärfen", so Schmitt weiter, „oder wird sich eine Reihe von Großräumen bilden, die ein Gleichgewicht in der Welt schaffen und auf diese Weise die Vorbedingung für eine stabile Friedensordnung?"[63] Seine Hoffnung drückte sich darin aus, dass er mit offensichtlicher Zustimmung einen Abschnitt eines Gedichts von Mao zitierte:

---

61 Siehe *Oliver Krause*, Mackinder's „heartland" – legitimation of US foreign policy in World War II and the Cold War of the 1950s, in: Geographica Helvetica 78 (2023), S. 183–197.

62 Siehe *Alberto Toscano*, Carl Schmitt in Beijing. Partisanship, geopolitics and the demolition of the Eurocentric world, in: Postcolonial Studies 11/4 (2008), S. 417–433.

63 Schmitt, Ordnung, in: *Schmitt*, Staat, Großraum, Nomos, S. 607. Das Gedicht von Mao wird zitiert in: *Carl Schmitt*, Theorie des Partisanen. Zwischenbemerkung zum Begriff des Politischen, Berlin 2017, S. 63.

Wär mir der Himmel ein Standort, ich zöge mein Schwert
Und schlüge dich in drei Stücke:
Eins als Geschenk für Europa,
Eins für Amerika,
Eins aber behaltend für China,
Und es würde Frieden beherrschen die Welt.

Schmitt schrieb, „viele Sachverständige sagen voraus, dass die Europäische Wirtschaftsgemeinschaft zwangsläufig zur politischen Einheit Europas führen würde".[64] Gegenüber einem spanischen Journalisten erklärte Schmitt im Jahr 1962: „Europa ist ein Großraum. Eine neue Konzeption eines Großraums". Dies war wahrscheinlich ein Hinweis auf die Europäische Wirtschaftsgemeinschaft. „Wir befinden uns in einer Übergangsperiode. Die Industrialisierung schafft neue Großräume", fuhr Schmitt fort, „aber es ist notwendig zu verhindern, dass die Idee der Technisierung betrachtet wird, als sei sie allein fähig, die politische Einheit der Welt automatisch herbeizuführen".[65]

Wenn Schmitt Europa oder zumindest das Europa der EWG als einen nicht wirklich lebensfähigen Großraum ansah, der den westlichen Universalismus eindämmen könne, so sah er im Bereich der östlichen, damals kommunistisch regierten Mächte die stärkeren Potentiale. Im „Dialog über einen neuen Raum" sagt der Teilnehmer Altmann, der Schmitts eigene Sichtweise weitgehend zu artikulieren scheint, dass „offensichtlich dieser gleichzeitige Gegensatz zwischen Ost und West zugleich ein Gegensatz zwischen Land und Meer ist". „Die Engländer nahmen den Ozean", sagt Altmann, „die Russen nahmen von Moskau aus Sibirien und vollzogen eine rein terrane Expansion".[66] Insofern war die UdSSR angesichts Schmitts klarer Präferenz für „Land" gegenüber „Meer" der offensichtliche Nachfolger der alten Mission des Reichs gegen den westlichen Universalis-

---

[64] *Schmitt*, Ordnung in: *Schmitt*, Staat, Großraum, Nomos, S. 606.

[65] *Schmitt*, Ordnung in: *Schmitt*, Staat, Großraum, Nomos, S. 608. Das Interview erschien am 22. März 1962 in der Madrider Zeitung ‚Arriba'.

[66] *Carl Schmitt*, Gespräch über den neuen Raum, zuerst erschienen in: Festschrift zum 70. Geburtstag von Camilo Barcia Trelles, Estudios de Derecho internacional – Homenaje al Profesor Camilo Barcia Trelles, Universidad de Santiago de Compostela 1958, S. 263–282, wieder abgedr. in: *Schmitt*, Staat, Großraum, Nomos, S. 552–571, S. 556 und 563.

mus. In seinem „Dialog über den Partisanen" pries er die Chinesen als „terranes Volk"[67] und stellte sie implizit westlichen Seeungeheuern gegenüber. Seine Hinweise auf Mao waren zwar kurz, aber für einen deutschen Konservativen (wenn auch nicht für einen Anti-Anglo-Amerikaner) erstaunlich positiv. Alles in allem war Schmitt der Volksrepublik China (VRC) gegenüber sehr offen, ein Gefühl, das, wie wir bald sehen werden, mit der Zeit herzlich erwidert werden würde.

Im Allgemeinen war der Kalte Krieg jedoch nicht sehr günstig für Großraum-Theorien. In globaler Perspektive schien er ein Zusammenstoß zwischen zwei Universalismen zu sein, nicht zwischen dem Westen und unterschiedlichen nationalen „Räumen". Und die Nachwirkungen des Kalten Krieges waren hierfür noch weniger förderlich, da auf den Niedergang des Kommunismus zunächst eine kurze Zeit der US-dominierten Unipolarität und das Voranschreiten einer politischen und wirtschaftlichen Modernisierung nach westlichem Vorbild folgten. Präsident George Bush senior sprach sogar von einer „Neuen Weltordnung". Es gab ein paar Unebenheiten auf dem Weg – ziemlich schwerwiegende im Fall des ehemaligen Jugoslawiens in den 1990er Jahren –, aber um die Jahrtausendwende war der Siegeszug des Westens wieder aufgenommen worden, so schien es zumindest. Im Jahr 2013 verkündete US-Außenminister John Kerry, dass „die Ära der Monroe-Doktrin vorbei" sei (obwohl unklar war, ob dies bedeutete, dass sich die USA von ihrer Hegemonie in der westlichen Hemisphäre zurückzögen, oder ob sie vielmehr einen globalen Anspruch auf Vorherrschaft artikulierten).

---

[67] *Carl Schmitt*, Gespräch über den Partisanen, zuerst erschienen in: *Joachim Schickel* (Hrsg.), Guerilleros, Partisanen. Theorie und Praxis, München 1970, S. 9–29, S. 27, wieder abgedr. in: *Schmitt*, Staat, Großraum, Nomos, S. 618–636, S. 635.

Das Großraum-Konzept in der Gegenwart. Russland unter Putin

Als Kerry diese Bemerkungen vor fast zehn Jahren machte, befand sich die Welt bereits mitten in einer Wende zurück zu Regionalismus und Multipolarität. Die Vereinigten Staaten befanden sich zumindest wirtschaftlich in einem relativen Niedergang und verwickelten sich in aussichtslose Kriege im Nahen Osten. Russland erholte sich von seinem langen Winterschlaf als Großmacht, bewirkt durch erhebliche Einnahmen aus Öl- und Gasexporten, bewegt von einem Bedürfnis nach neuer Anerkennung und nach territorialer Revision. Das Vertrauen in die Europäischen Union als internationaler Akteur begann zu wachsen.[68] Vor allem die Volksrepublik China wurde zunehmend als Gegengewicht zur westlichen Weltordnung im Allgemeinen und den USA im Besonderen wahrgenommen. Der daraus resultierende Aufstieg des räumlichen oder Großraumdenkens wurde in einer von Rüdiger Voigt herausgegebenen Sammlung und kürzlich von Anne Orford, einer angesehenen Professorin für internationales Recht, in ihrem langen Artikel „Regional Orders, Geopolitics, and the Future of International Law" analysiert, die sich häufig auf Schmitt und seine Ordnungskonzepte bezieht.[69]

Es verwundert nicht, dass Schmitt auch in Russland rezipiert wird. Ein Großteil dieses Interesses ist von seinem raumgebundenen Denken inspiriert, das gut mit der autoritären Strömung unter Wladimir Putin harmoniert. Schmitts selbsterklärter Mangel an sentimentaler Moralisierung, das Beharren auf dem Primat des Politischen vor dem Sozialen, die Unterscheidung zwischen Freund und Feind,

---

[68] Siehe z. B. *Mark Leonard*, Why Europe will run the world, Forth Estate, London 2005.
[69] *Anne Orford*, Regional Orders, Geopolitics, and the Future of International Law, in: Current Legal Problems 74 (2021), S 149–194. *Rüdiger Voigt* (Hrsg.), Großraum-Denken. Carl Schmitts Kategorie der Großraumordnung, Stuttgart 2008.

die Ablehnung des Universalismus, die Ablehnung eines „de-humanisierenden" Westens, und die Feier der „Ausnahme" waren alles Themen, die in Russland beachtet wurden.[70]

Der eigentliche Reiz Schmitts liegt jedoch in seiner Großraum-Doktrin, die, wie es schien, perfekt zu dem Streben russischer Nationalisten und Geopolitiker passte, ein eigenständiges Ordnungssystem für ihr Land zu schaffen, indem sie einen neuen Anspruch auf die durch den Zerfall der Sowjetunion verlorenen Gebiete entwickelten.[71] Dies wurde 1991 am lebhaftesten von dem bekannten russischen Eurasier Alexander Dugin ausgedrückt. „Die konzeptionelle Bedeutung von Schmitts ‚Großraum'", schreibt Dugin, „liegt in der Abgrenzung geografischer Regionen, innerhalb derer die unterschiedlichen Ansprüche auf politische Selbstbestimmung bestimmter Völker und Staaten, die zu dieser Region gehören, verbunden werden können, um einen harmonischen und konsistenten Allgemeinzustand erreichen zu können, der sich in einer „Großen Geopolitischen Union" manifestiert.[72] Er lobte Schmitts Unterscheidung zwischen „thalassokratischen Reichen" wie den Phöniziern, Briten und Amerikanern und den „tellurokratischen" Reichen wie den Römern, Habsburgern und Russen. „Aus seiner Sicht", betont Dugin, „ist die abgestimmte und organische Organisation eines Raums nur im Fall von tellurokratischen Imperien möglich".

Dugin beruft sich auf den Großraum als Rechtfertigung und als Manifest für Russlands Rückkehr zur Größe. „Indem wir Carl Schmitts Theorie der ‚Großräume' im Hinblick auf die Situation im heutigen Russland zusammenfassen", schreibt er, „können wir sagen, dass die Trennung und der Zerfall des ‚Großraums', der einst UdSSR

---

[70] Siehe dazu generell *David Lewis*, Carl Schmitt in Moscow. Counter-Revolutionary ideology and the Putinist state, in: Russian Analytical Digest 211, 12. Dezember 2017, S. 13–15.

[71] *David G. Lewis*, ‚Grossraum thinking in Russian foreign policy', in: Russia's new authoritarianism. Putin and the politics of order, Edinburgh 2020, S. 161–192. Siehe auch *Artur Simonyan*, Supranationalism, From Academic Discourse to the Eurasian Economic Union, in: Baltic Yearbook of International Law Online 20 (2022), S. 45–66.

[72] https://eurasianist-archive.com/2016/10/12/carl-schmitts-5-lessons-for-russia/ [aufgerufen 18.9.2022].

genannt wurde, der kontinentalen Logik Eurasiens widerspricht, seitdem Völker, die unser Land bewohnen, die Möglichkeit haben, sich an eine [sowjetische] Supermacht zu wenden, die in der Lage ist, potenzielle oder tatsächliche Konflikte zu regulieren oder einzudämmen". Dennoch glaubte Dugin, dass die Abkehr vom Marxismus „eine spontane, leidenschaftliche Wiederherstellung des östlichen Eurasischen Blocks" ermöglichen werde, die „mit allen organischen, einheimischen Ethnien des russischen imperialen Raums übereinstimmen würde". In der Tat würde dieser wiederhergestellte „Großraum" „durch die ‚Ausstrahlung seiner Macht' auch jene zusätzlichen Territorien ergreifen, die in der kritischen und unnatürlichen geopolitischen Situation, die seit dem Zusammenbruch der UdSSR herrscht, ihre ethno-staatliche Identität rasch verloren haben".

Dugin erwartete Widerstand gegen die Wiederherstellung des russischen Großraums, nicht von den Völkern der Region selbst, sondern von den Kräften des Universalismus: den Westmächten und ihren Agenten innerhalb Russlands. Er sprach daher von der „natürlichen und gewissermaßen unvermeidlichen Konfrontation zwischen tellurokratischen und thalassokratischen Kräften". Dies würde die Form eines Zusammenstoßes zwischen „Europa, Russland und Asien" auf der einen Seite und den „Vereinigten Staaten von Amerika zusammen mit ihrem Verbündeten, dem thalassokratischen Inselreich England" annehmen. Dugin schrieb die Stärke der „universalistischen" Stimmung in Russland dem Einfluss einer „versteckten thalassokratischen Lobby" zu, die sowohl „direkte" als auch „indirekte" Macht ausübe.

Russland sollte sich dieser „amerikanischen Neuen Weltordnung" widersetzen, glaubte Dugin, weil deren Versuche, einen „totalen Frieden" zu schaffen, „den Planeten eindeutig in Richtung eines neuen ‚totalen Krieges' führen würden". Inspiriert von Schmitts Lob des Partisanen beschrieb Dugin Russland als ein „gigantisches Partisanenimperium, das außerhalb des Gesetzes" operiere und von der Überzeugung angetrieben werde, ein „sehr großer Raum" zu sein. Andernfalls würde der „Wind der Thassalokratie" ungehindert durch die russische Welt wehen und die „Anglisierung" von Riga und Vilnius, die „Schwärzung" des Kaukasus, die „Gelbfärbung" Zentralasiens, die „Polonisierung" der Ukraine und so weiter vollenden.

Es wurde jedoch schnell klar, dass die Restaurierung eines russischen „Großraums", alles andere als „spontan und leidenschaftlich", viel Organisation und Zwang erfordern würde. Die Gemeinschaft Unabhängiger Staaten wurde fast sofort gegründet, um einen Großteil der Nachbarschaft einzugrenzen und im Jahr 2001 die Eurasische Wirtschaftsgemeinschaft. Zehn Jahre später (2011) gründete Putin eine Zollunion mit Belarus und Kasachstan. Einige Jahre danach rief er die Eurasische Wirtschaftsunion ins Leben (Mai 2014), die ausdrücklich nach dem Vorbild der EU gestaltet wurde und den freien Waren-, Kapital- und Arbeitskräfteverkehr sowie eine umfassende Harmonisierung der Rechtsvorschriften vorsah.[73] Er sah dies als einen ersten Schritt zu einer vertieften „Eurasischen Union". Putin stellte sich eine „mächtige supranationale Vereinigung vor, die in der Lage ist, einer der Pole in der modernen Welt zu werden". Auf diese Weise bemühte sich Russland um eine „Ausstrahlung" seiner Macht in den umgebenden Großraum.

Wo politische und wirtschaftliche Hebel versagten, setzte Russland direkte militärische Gewalt ein, um die Nachbarschaft zu beherrschen. In Moldawien unterstützten russische Truppen kurz nach dem Zusammenbruch der Sowjetunion abtrünnige Kräfte in Transnistrien. Einige Jahre später marschierten sie in Tschetschenien ein und führten dort einen langen und letztlich erfolgreichen Feldzug. Russische Truppen sind in Armenien stationiert. Im Jahr 2008 griff Russland Georgien an und trennte einen wesentlichen Teil dieses Landes ab. Sechs Jahre später annektierte Putin die Krim und unterstützte separatistische Bewegungen in der Ostukraine mit regulären russischen Streitkräften.[74]

Ende 2015 brachte Putin sein Konzept einer „Greater Eurasian Partnership" voran. Wie Andrey Kortunov, der Generaldirektor vom Russian International Affairs Council, erklärte, beruhte dies auf der Tatsache, dass „Eurasien der größte Kontinent der Erde" sei, sein „bevölkerungsreichster" und auch mit „enormen natürlichen Res-

---

[73] *Richard Sakwa*, Sad delusions. The decline and rise of Greater Europe, in: Journal of Eurasian Studies 12 (2021), S. 11.
[74] *Stefan Auer*, Carl Schmitt in the Kremlin. The Ukraine crisis and the return of geopolitics, in: International Affairs (OUP, Chatham House), 91 (2015), 5, S. 953–968.

sourcen" ausgestattet wäre. „Es wäre nur natürlich", fuhr er fort, „dass die ausgedehnten Gebiete Eurasiens in einem einzigen System vereint würden". Putins Greater Eurasian Partnership Concept sah vor, bei der Wirtschaft anzusetzen. Sie strebe „politische Pluralität" statt Konformität an, sehe die verschiedenen anderen regionalen Integrationsstrukturen nicht als Konkurrenten, sondern „als Knoten und einzelne Teile des künftigen einheitlichen eurasischen Wirtschaftsmechanismus". In der Tat erhoffte man sich, dass der „europäische Westen", die EU, sich mit diesem Projekt vertraut machen oder sich ihm sogar anschließen könnte. Kortunov führte das bisherige Scheitern Eurasiens beim Zusammenhalt auf verschiedene interne Mängel, aber auch auf „die schändlichen Aktivitäten externer Kräfte" zurück.[75]

Ein wesentlicher Bestandteil dieser Ansicht war ein starkes russisches Gefühl der Feindseligkeit gegenüber den angelsächsischen Mächten, dass das von Schmitt zu seiner Zeit widerspiegelt. Elena Vladimirovna Panina, eine bekannte Abgeordnete in Putins Partei „Einiges Russland", hoffte auf „ein Bündnis aus Moskau, Paris und Berlin, das den von den Vereinigten Staaten und Großbritannien angeführten Angelsachsen entgegentreten wird".[76] Es überrascht daher nicht, dass Präsident Putin die jüngste Sprengung der Nordstream-Pipeline den „angelsächsischen Mächten" anlastete.[77] In diesem Zusammenhang wird die Osterweiterung der EU einfach zu einer weiteren Ausdehnung des atlantischen Systems auf die Grenzen Russlands. Im Rahmen dieser Dämonologie wird das Vereinigte Königreich besonders verunglimpft, weil es die Ur-USA ist. Großbritannien wird paradoxerweise sowohl als von Mitleid erregender Belanglosigkeit beschrieben als auch als Wurzel aller vergangenen und gegenwärtigen Übel Russlands. Timofei Bordatschow, Pro-

---

[75] *Andrey Kortunov*, Eight principles of the ‚Greater Eurasian Partnership', Russian Institute of International Affairs, 28.9.2020: https://russiancouncil.ru/en/analytics-and-comments/analytics/eight-principles-of-the-greater-eurasian-partnership/ [aufgerufen 23.9.2022].

[76] Siehe *Charles Bremner*, Macron's far-right rival wins backing from the Kremlin, in: Times 2.11.2021, S. 35.

[77] https://www.reuters.com/article/ukraine-crisis-putin-nordstream-id AFS8N2Z80FZ.

Das Großraum-Konzept in der Gegenwart. Russland   43

grammdirektor des Valdai-Diskussionsklubs und Professor an der Moskauer Higher School of Economics, behauptet, dass „es schwer ist, in der internationalen Politik einen Staat zu finden, der so viel Unheil über den Rest der Menschheit gebracht hat wie Großbritannien". Er sieht „dessen gesamte Geschichte als eine nicht enden wollende Abfolge von Kriegen und Verschwörungen", die sich gegen Russland richten.[78] Der Geschichtsprofessor Fedor Gaida von der Moskauer Staatsuniversität geht sogar so weit zu sagen, dass Russland „Großbritannien nicht unbedingt als ernsthafteren Gegner [als die USA], sondern eher als existenziellen Gegner" sieht.[79]

In den letzten zwei Jahren hat Präsident Putin seine Bemühungen um eine Sicherung des Großraums verstärkt.[80] Sein Denken wird aus drei Dokumenten ersichtlich: aus seinem Aufsatz „Über die historische Einheit von Russen und Ukrainern" (12.7.2021), dem Entwurf „Vertrag zwischen den Vereinigten Staaten von Amerika und der Russischen Föderation über Sicherheitsgarantien" und dem Entwurf eines „Abkommens über Maßnahmen zur Gewährleistung der Sicherheit der Russischen Föderation und der Mitgliedstaaten der Nordatlantikpakt-Organisation". Die erste erhob Anspruch auf die Ukraine als integralen Bestandteil der russischen Welt. Die beiden letzteren forderten, dass weder die NATO noch die Vereinigten Staaten „militärische Aktivitäten auf dem Territorium der Ukraine sowie anderer Staaten in Osteuropa, im Südkaukasus und in Zentralasien durchführen" sollten. Mit anderen Worten: Raumfremde Mächte sollten dem russischen Großraum fernbleiben.

Aus dieser Perspektive gesehen, wird der russische Angriff auf die Ukraine Ende Februar 2022, der objektiv ein Angriffskrieg ist, von den „Eurasiern" im Umfeld des Kremls und Dugins als ein Akt der Selbstverteidigung angesehen. Wäre es nicht gelungen, die Ukraine zu sichern, so Gaida, hätte das Land „unter die totale angelsächsische Kontrolle" geraten und „zu einer Abschussrampe für Aggressionen

---

[78] Zitiert aus *Jade McGlynn*, Russia's war, Cambridge 2023, S. 127.
[79] Zitiert aus *McGlynn*, Russia's war, S. 129.
[80] Siehe *Achilles Skordas*, Russia's Eurasian Grossraum and its consequences, 31.3.2022, https://verfassungsblog.de/russias-eurasian-groraum-and-its-consequences/ [aufgerufen 18.9.2022].

gegen Russland" werden können.[81] Für die Russen ist, wie der in Hongkong lebende Politikwissenschaftler Stefan Auer betont hat, die Invasion ein Versuch, ihren Großraum zu sichern[82] und sich gegen die „universalisierenden" Ansprüche des Westens zu wehren. Es handelt sich also, wie beim NS-Programm, sowohl um ein kolonisierendes als auch um ein antikoloniales Projekt.

Wie das nationalsozialistische Projekt hat auch Putins Bestreben, einen eurasischen Raum mit Russland im Zentrum zu schaffen, starken westlichen Widerstand hervorgerufen, wenn auch noch nicht zu einer direkten militärischen Intervention. Die Russische Föderation wurde einem strafenden Sanktionsregime unterworfen, um sie von den Weltmärkten abzuschneiden und ihren illegalen Angriff auf die Ukraine zu stoppen. In Anlehnung an Roosevelts Vorgehen gegen NS-Deutschland verabschiedeten die Vereinigten Staaten im Mai 2022 den „Ukraine Democracy Defense Lend Lease Act", der die Lieferung von militärischer Ausrüstung zur Verteidigung des Landes gegen russische Aggressionen vorsieht.

---

[81] Zitiert aus *McGlynn*, Russia's war, S. 128.
[82] *Stefan Auer*, Ukraine's fight for freedom exposes „sovereign Europe" as a delusion, in: Financial Times, 2.6.2022.

Das Großraum-Konzept in der VR China

Auch in der anderen großen Herausforderermacht, der Volksrepublik China, hat die Idee des Großraums Fuß gefasst. Schmitts Denken hat in Festlandchina eine lange Rezeptionsgeschichte, die bis in die Zeit der nationalchinesischen Bewegung im Zweiten Weltkrieg zurückreicht. Deshalb wird er auch in Taiwan intensiv gelesen. Schmitt sagt regimefreundlichen Denkern aus Gründen zu, die mit seiner Gegnerschaft zum Liberalismus und seinem Antiwestlertum zu tun haben.[83] Dies hat Mark Lilla veranlasst, von „Chinas merkwürdigem Geschmack an westlichen Philosophen" zu sprechen.[84] Das ist nicht verwunderlich, denn chinesische Analysten untersuchen seit einiger Zeit den Aufstieg und Fall des Kaiserreichs Deutschland, die Macht, mit der es oft verglichen wurde,[85] und den Staat, dessen Scheitern den frühen Schmitt so beschäftigte. „China", schrieb Henry Kissinger, „ist wie das kaiserliche Deutschland eine wiedererstarkte Kontinentalmacht; die Vereinigten Staaten sind wie Großbritannien in erster Linie eine Seemacht mit tiefen politischen und wirtschaftlichen Verbindungen zum Kontinent".[86]

Merkwürdigerweise kamen Schmitts Großraum-Konzepte, die seit den 1990er Jahren ein fester Bestandteil russischer Debatten waren,

---

[83] Siehe *Charlotte Kroll*, „Carl Schmitt in China. Liberalismus und Rechsstaatsdiskurse, 1989–2018", (Dissertation, Universität Heidelberg), https://archiv.ub.uni-heidelberg.de/volltextserver/31452/1/Kroll_2022_Carl_Schmitt_in_China.pdf.

[84] Siehe *Kai Marchal/Carl K. Y. Shaw* (eds.), Carl Schmitt and Leo Strauss in the Chinese-speaking world. Re-orienting the political, Banham/MD 2017, S. 3. Siehe auch *Qi Zheng*, Carl Schmitt in China, Telos 160 (2012), S. 29–52.

[85] *Zhengyu Wu*, The Crowe Memorandum, the rebalance to Asia and Sino-US relations, in: Journal of Strategic Studies, 39/3 (2016), S. 389–416 et passim. (In Anmerkung 6 ist ein Querschnitt durch die umfangreiche vergleichende Literatur zu finden).

[86] *Henry Kissinger*, On China (London, 2011), p. 514.

zunächst in der VR China kaum an.⁸⁷ Vor kurzem hat sich dies jedoch geändert, und die Theorie der „Großräume" wurde in der VR China begeistert angenommen. Ein Schlüsseltext, der „Nomos der Erde", wurde 2017 übersetzt. Vielleicht ermutigt durch Präsident Xis Abkehr von der alten „Hide and Bide"-Strategie, haben regimefreundliche Autoren in den letzten Jahren verlorene Zeit aufgeholt.

Interessanterweise begann die Rezeption der Großraum-Idee in China mit ihrer Diskussion durch die nationalistische Kuomintang KMT und akademischer Kollaborateure, von denen die Idee einer von Japan geführten „Großostasiatische Wohlstandssphäre" unterstützt wurde.⁸⁸ In jüngerer Zeit wurde der Großraum von Liu Xiaofeng, Professor für Kultur- und Politiktheorie an der Renmin-Universität in Peking, einem breiteren Publikum zugänglich gemacht.⁸⁹ Ein Jahr nach der Veröffentlichung der Übersetzung hielt Jiang Shigong, Professor für Rechts- und Politiktheorie an der Universität Peking, eine Rede, die später unter dem Titel „Geographie und Recht. Mackinder und Schmitt über den Konflikt der Imperien" erschien.⁹⁰ Darin machte er auf Schmitts Unterscheidung zwischen Landimperien mit ihren besonderen Regierungsformen einerseits und ozeanischen Reichen andererseits aufmerksam, die universalistische Werte und Autoritätsansprüche geltend machten. Der Appell an ein chinesisches Publikum, die „Legitimität von Imperien/Autokratien" unter Rückgriff auf „Geographie" zu begründen, wie Jiang es ausdrückte, ist offensichtlich.⁹¹

---

87 Siehe z. B. *Xie Libin/Haig Patapan,* Schmitt Fever. The use and abuse of Carl Schmitt in contemporary China, in: Icon 18/1 (2020), S. 130–146; dort wird Großraum nicht erwähnt.
88 *Ryan Martinez Mitchell,* Chinese receptions of Carl Schmitt since 1929, in: Penn State Journal of Law and International Affairs 8/1 (2020), S. 214–215.
89 *Martinez,* Chinese receptions, S. 232, 238–239, 252 (beachtenswert ist die relativ späte Übersetzung von *Schmitt,* Nomos der Erde).
90 *Martinez,* Chinese receptions, S. 254.
91 *Martinez,* Chinese receptions, S. 255.

Die Idee des Großraums scheint der VR China geradezu wie auf den Leib geschneidert.[92] Liu Xiaofeng lobt Schmitt als „globalen Historiker", der dabei hilft, Chinas missliche Lage im späten 19. und frühen 20. Jahrhundert als globalen „freien Raum" zu verstehen, der von anderen dominiert wird, und ihr in Form der Großraum-Theorie genau die Werkzeuge an die Hand gibt, um diese Lage im einundzwanzigsten Jahrhundert zu meistern.[93] Jetzt müsse China, wie Liu Xiaofeng es ausdrückt, „die Welt auf einen neuen Nomos der Erde bringen", was „die traditionellen Tugenden der chinesischen Zivilisation" erfordere, um (so wörtlich) „mit dem angelsächsischen und amerikanistischen Nomos der Erde zu kämpfen".[94] Nach Jahrzehnten des „friedlichen Aufstiegs" nutze es nunmehr seinen kolossalen 30-jährigen Wirtschaftswachstumsschub, um die Kontrolle über seine engere und weitere Nachbarschaft mit Hilfe der „Neuen Seidenstraße" und durch andere Maßnahmen zu festigen.

Die VR China verkörpert auch ein spezifisches Modell von sozioökonomischem Wachstum in Verbindung mit politischem Autoritarismus. Sie bestreitet zwar alle Bestrebungen, ihr eigenes Gesellschaftsmodell im Ausland zu verbreiten, weist aber auch alle Versuche, Druck auf China wegen der dortigen Menschenrechtsverletzungen auszuüben, entschieden zurück. Politisch und militärisch versucht die VR China beständig, ausländische Mächte von dem fernzuhalten, was sie als ihren exklusiven „Raum" betrachtet. Aus diesem Grund lehnt sie auch die von den USA geführten „Freedom of Navigation Operations" (FONOPS) im Südchinesischen Meer so entschieden ab. Um den Artikel des Gelehrten der Kommunistischen Parteischule von Chongqing, Fang Xu, vom Juli 2018 zu zitieren, will die VR China „das Universalreich [also die US-Dominanz] mit

---

[92] *Michael Salter*, Law, Power and International Politics with Special Reference to East Asia. Carl Schmitt's Grossraum analysis, in: Chinese Journal of International Law 2012, S. 393–427.
[93] *Liu Xiaofeng*, New China and the end of American „International Law", in: American Affairs, 20 August 2019. https://americanaffairsjournal.org/2019/08/new-china-and-the-end-of-american-international-law/ [aufgerufen 19.9.202].
[94] *Martinez*, Chinese receptions, S. 259.

einer Großraumordnung verabschieden".⁹⁵ Das Ergebnis ist, wie Anne Orford es formuliert hat, ein neu aufsteigender „Großraum chinesischer Prägung".⁹⁶

Die Angst und der Hass auf die „Angelsachsen" sind in der VR China nicht ganz so ausgeprägt wie in Russland, aber sie sind ein wichtiger Teil des politisch Imaginären. Chinesische Stimmen beschuldigen Briten und Amerikaner sowie den gesamten Westen routinemäßig, unter dem Deckmantel des „Allgemeinwohls" ihre egoistischen Interessen zu verfolgen. Im Jahr 2017 zitierte das offizielle Organ der VR China, „China Daily", beispielsweise das berühmte Buch „The Twenty Years' Crisis" des britischen Historikers E. H. Carr, in dem es heißt: „Diese Art von Heuchelei ist eine besondere und charakteristische Eigenart des angelsächsischen Geistes."⁹⁷ Kürzlich verurteilte der Botschafter der VR China in Australien das Abkommen zwischen Australien, dem Vereinigten Königreich und den Vereinigten Staaten (AUKUS) über die gemeinsame Nutzung nuklearer U-Boot-Technologie als einen „angelsächsischen Block".

In jüngster Zeit hat die VR China ihre Bemühungen um die Sicherung ihres Großraums verstärkt. Demokratische Bewegungen in Hongkong und in Xinjiang werden rücksichtslos unterdrückt. Territoriale Ansprüche im Südchinesischen Meer werden durch verstärkte Marinepräsenz und den Bau künstlicher Inseln energisch vorangetrieben. Die Senkaku-Inseln sind zwischen Japan und der VR China umstritten. Taiwan wird routinemäßig bedroht, und die Drohungen, dass die VR China „das Staatsgebiet wieder eingliedern" werde, werden immer schärfer. Darüber hinaus strahlt die VR China ihre Macht durch Infrastrukturprojekte wie die „neue Seidenstraße"-Initiative über ihre Grenzen hinaus aus.

Das alles hat eine heftige Reaktion des Westens hervorgerufen, auch wenn es bisher nicht zu einer militärischen Konfrontation gekommen ist. Die Vereinigten Staaten, Großbritannien und Australien haben eine intensive, gegen die VR China gerichtete Marine-

---

95 *Mitchell*, Chinese receptions, S. 256.
96 *Orford*, Regional orders, S. 186.
97 https://global.chinadaily.com.cn/a/201712/22/WS5a3cf743a31008cf16da2f74.html.

kooperation eingeleitet. Die US-Marine und die Royal Navy haben mehrere „Freedom of Navigation Operations" durchgeführt, um ihre Absicht zu signalisieren, die Seewege offen zu halten. Die Royal Australian Navy und die japanischen Selbstverteidigungskräfte haben gemeinsame Übungen im Philippinischen Meer durchgeführt. Selbst Indien wurde im Rahmen des vierseitigen Sicherheitsdialogs mit Australien, Japan und den Vereinigten Staaten in die Eindämmungsbemühungen einbezogen.

*

Es ist viel darüber diskutiert worden, inwieweit diese beiden antiwestlichen „Räume", Russland und die VR China, konflikthemmend wirken und tatsächlich gegen die Bedrohung durch den (westlichen) Universalismus zusammenarbeiten könnten. In den letzten zwanzig Jahren gab es mehrere chinesisch-russische Gipfeltreffen und Vereinbarungen, die auf ein globales Bündnis gegen den Westen hindeuteten. Die Idee wurde am deutlichsten in der Gemeinsamen Erklärung der beiden Fuhrer nach den Olympischen Winterspielen im Februar 2022 dargelegt.[98] Darin wurde festgestellt, dass eine „Neuverteilung der Macht in der Welt" im Gange sei, und dass es „keine Grenzen" für eine chinesisch-russische Zusammenarbeit geben werde.

Die Wurzel der Verständigung zwischen Putin und XI liegt in ihrer gemeinsamen Feindseligkeit gegenüber dem Versuch einer „globalen" Umsetzung „demokratischer Prinzipien" durch „bestimmte Staaten", d.h. den Westen. Stattdessen fordern sie die internationale Gemeinschaft auf, „die kulturelle und zivilisatorische Vielfalt zu respektieren" und zu akzeptieren, dass „die universelle Natur der Menschenrechte durch das Prisma der realen Situation in jedem einzelnen Land gesehen werden sollte". Dies war eine klare Absage an den westlichen Universalismus. Die „Gemeinsame Erklärung" nahm dann eine „räumliche" Wendung und versprach, die Eurasische Wirtschaftsunion und die Initiative „Neue Seidenstraße" voranzutreiben,

---

[98] http://www.lawinfochina.com/display.aspx?id=8215&lib=tax&SearchKeyword=&SearchCKeyword [aufgerufen 23.9.2022]. Siehe auch *Michael Auslin*, Alliance of disruptors. The growing bond between Moscow and Beijing, in: Spectator, 19.2.2022, S. 226–267.

um „eine stärkere Vernetzung zwischen der asiatisch-pazifischen und der eurasischen Region zu fördern". Dies wäre Teil der von Russland inspirierten „Großen Eurasischen Partnerschaft", die „die Entwicklung regionaler Zusammenschlüsse sowie bilateraler und multilateraler Integrationsprozesse zum Nutzen der Völker auf dem eurasischen Kontinent fördern" würde. Schmittianisch könnte man sagen, Xi und Putin schwebt ein Mega-Großraum vor, der den russischen und den chinesischen Großraum verbindet. Die Parallelen zum Dreierpakt zwischen Berlin, Rom und Tokio von 1940 sind unübersehbar.

Trotz der Popularität von Schmitts Großraum-Konzepten in Russland und der VR China haben beide Mächte tatsächlich versucht, ihren Einfluss weit über ihren traditionellen „Raum" hinaus zu projizieren. Russland besitzt einen Militärstützpunkt in der syrischen Hafenstadt Latakia und hat in vielen westlichen Ländern Operationen zur aktiven Beeinflussung der öffentlichen Meinung durchgeführt, vor allem im Jahr 2016 während des Brexit-Referendums in Großbritannien und der Präsidentschaftswahl in den Vereinigten Staaten. Und wenn Syrien auch nur ansatzweise zu Russlands traditionellem Einflussbereich im Nahen Osten gezählt werden kann, so gilt dies für Afrika, wo russische Vertreter wie die Wagner-Gruppe in letzter Zeit aktiv sind, ganz sicher nicht. Die VR China eröffnete ihren ersten Auslandsstützpunkt in Dschibuti an der Ostküste Afrikas und entwickelte eine neue Marinedoktrin mit einer deutlich stärkeren Hochseeorientierung.[99] Sie ist nicht mehr so stark auf einen bestimmten „Raum" fokussiert, sondern zu einem globalen Akteur geworden. Allerdings haben sowohl Russland als auch die VR China, global gesehen, einen noch immer viel kleineren globalen militärischen „Fußabdruck" als die USA, Großbritannien und sogar Frankreich.

Das Ergebnis dieser russischen und chinesischen Bestrebungen ist, dass – im Gegensatz zu Deutschland und Japan während des Zweiten Weltkriegs – tatsächlich ein beträchtliches Potenzial für einen unmittelbaren Zusammenstoß zwischen den beiden Mächten in ei-

---

[99] Siehe *Zhengyu Wu*, Towards naval normalcy. ,Open seas protection' and Sino-US maritime relations, in: The Pacific Review, 32/4 (2019), S. 666–693.

nem möglichen Konflikt um ihre jeweiligen Großräume besteht. Die eigentliche mögliche Konfliktregion ist dabei Zentralasien, das militärisch eindeutig im russischen Einflussbereich liegt, wirtschaftlich aber zunehmend von der VR China dominiert wird. Die „neue Seidenstraße"-Initiative ist auf Dauer nicht kompatibel mit der Eurasischen Wirtschaftsunion und diversen anderen russischen Initiativen. In Sibirien und Zentralasien werden weithin chinesische Motive vermutet. „Beobachten Sie sehr genau diesen Raum", könnte man sagen.

Ein Blick auf die EU, Europa und Deutschland

Wenden wir uns abschließend Europa und der Europäischen Union zu. Die beiden sind natürlich nicht identisch, weshalb Wissenschaftler wie Günther Hellmann von EUropa und von EUropäern sprechen. Denn Hunderte Millionen Europäer leben außerhalb der EU. Im Osten gibt es Russland, Weißrussland und die Ukraine; im Südosten liegen Bosnien, Serbien, Kosovo und Mazedonien; im Norden liegt Norwegen; und im Westen ist das Vereinigte Königreich. Das deutliche Übergewicht der europäischen Militärmacht liegt außerhalb der EU. Fünf der zehn weltweit führenden Universitäten befinden sich in Europa, aber keine in der EU. Militärisch und bildungspolitisch ist die EU also eher ein Kleinraum. Wirtschaftlich und demografisch hingegen hat die Europäische Union durchaus die kritische Masse, um entweder den Kern eines Großraums zu bilden oder sogar selbst dieser Großraum zu sein. Aber was ist es? Das eine, das andere oder etwa keines von beiden?

Seit Beginn der Eurokrise wurde behauptet, Deutschland sei die wahre Macht im Herzen Europas. Damit wäre die Bundesrepublik im Sinne Schmitts das Reich, das seine Macht in seinen Großraum, also die übrige EU, „ausstrahle". Dieses Argument ist nicht vollkommen falsch, denn Berlin hat es oft geschafft, seine „ordoliberalen" und andere Präferenzen im Bereich der gemeinsamen Währungs-, Migrations- und Energiepolitik durchzusetzen, um nur die hervorstechendsten Bereiche zu nennen.[100] Sicherlich haben viele Europäer die zentrale Rolle der Bundesrepublik in Europa seit Beginn der Eurokrise beklagt, während manche Deutsche sie begrüßt haben.[101]

---

[100] So z. B. *Sebastien Dullien/Ulrike Guerot*, The long shadow of Ordo-Liberalism. Germany's approach to the Euro Crisis, in: European Council on Foreign Relations (2012). https://ecfr.eu/article/commentary_the_long_shadow_of_ordoliberalism/ [aufgerufen 23.9.2022].

[101] Siehe die Titelseite von Der Spiegel: The German Übermacht. Wie Europäer auf die Deutschen blicken, 21.3.2015; *Herfried Münkler*, Wir sind

Die Vorstellung von Deutschland als Imperium, das seinen EU-Großraum anführt, bricht jedoch zusammen, wenn wir genauer hinsehen. Weit davon entfernt, ein Reich zu sein, das selbstbewusst Macht ausstrahlt, ist Deutschland in vielerlei Hinsicht – um den Begriff von William Paterson zu verwenden – ein „Hegemon wider Willen".[102] Es akzeptiert nicht nur die von „Europa" auferlegten Regeln, sondern macht sich diese zu eigen. In der Tat hat Deutschland in vielerlei Hinsicht seine antigeopolitische Kultur nach Brüssel „übertragen" und damit nicht nur sich selbst, sondern die gesamte EU als geopolitischen Akteur ausgeschaltet. In den Krisen des vergangenen Jahrzehnts gab es viele, zum Beispiel den damalige polnische Außenminister Radoslav Sikorski, die der Meinung waren, dass heute in Europa eher zu wenig als zu viel deutsche Macht zu sehen sei. Darüber hinaus hat Deutschland innerhalb der EU an Boden verloren, was sich am deutlichsten in der Tatsache zeigt, dass es die „Corona-Bonds" und andere nachteilige Maßnahmen akzeptieren musste. Schließlich gibt es keinerlei Anzeichen dafür, dass die Bundesregierung plant, einen exklusiven Großraum in Europa zu errichten, weder in regionaler, noch in kontinentaler Ausprägung, oder dass dies gar von der Bevölkerung gefordert wird.[103] Die Deutschen sehen Europa typischerweise gerade nicht als einen Großraum, weder als ihren eigenen noch als den von jemand anderem, sondern für sie ist Europa eine Friedensordnung.

Die Anwendbarkeit der Großraum-Theorie auf die EU wurde von einer Reihe von Wissenschaftlern diskutiert.[104] Im „schmittiani-

---

der Hegemon, in: Frankfurter Allgemeine Zeitung, 21.8.2015; *Hans Kundnani/Eric Gujer*, No more hypocrisy. Germany as great power. Koerber Foundation International Affairs, February 2009.

[102] *William E. Paterson*, The reluctant hegemon? Germany moves centre stage in the European Union, in: Journal of Common Market Studies 49 (2011), S. 57–75.

[103] So z. B. *Michael Gehler*, Deutschland als neue Zentralmacht Europas und seine Außenpolitik 1989–2009, in: Michael Gehler/Paul Luif/Elisabeth Vyslonzil (Hrsg.), Die Dimension Mitteleuropa in der Europäischen Union, Hildesheim/Zürich/New York 2015, S. 25–78.

[104] *Christian Joerges*, Between Juergen Habermas and Carl Schmitt. Flaws, old and new, in: The project of European Integration, (2015). http://aei.pitt.edu/79364/1/Joerges.pdf [aufgerufen 23.9.2022], und *Christian*

schen" Sinne strahlt die EU sicherlich Wirtschaftskraft in einen weiteren „Raum" aus und einige haben argumentiert, dass sie auch eine neue Form der nicht-militärischen Sicherheit weit über ihre eigenen Grenzen hinaus ausstrahlt.[105] Dieses Konzept war bereits in Romano Prodis 2002 formulierter Vision eines „Größeren Europas" enthalten. Zwei Jahre später legte die EU-Kommission ihre „Europäische Nachbarschaftspolitik" fest. Das zugrunde liegende Konzept sah einen Ring von Ländern vor, die mit der EU verbunden und von ihr beeinflusst waren, aber nicht unbedingt Vollmitgliedstaaten werden sollten. Russland gehörte seinerzeit nicht zu dieser Staatengruppe, sondern wurde über ein separates Programm „Gemeinsame Räume der EU und Rußland" abgewickelt, das darauf abzielte, die beiden Ordnungssysteme voneinander zu entkoppeln.[106] Flankiert wurde dies von der „Europäischen Mittelmeer-Partnerschaft", die die nordafrikanischen Länder betraf, und der Östlichen Partnerschaft, die Armenien, Aserbaidschan, Weißrussland, Georgien, Moldawien und die Ukraine umfasste.

In jüngerer Zeit bekräftigte die Kommission mit ihrer „Globalen Strategie für die Außen- und Sicherheitspolitik der Europäischen Union" (2016) ihr Engagement zugunsten „regionaler Ordnungen" und zur Nutzung ihrer „dauerhaften Anziehungskraft" in der Peripherie, um ihre „Umwandlung voranzutreiben", insbesondere auf dem Balkan und der Türkei. Drei Jahre später sprach die nächste

---

Joerges, Europe a Grossraum? Rupture, Continuity and re-configuration in the legal conceptualisation of the integration project (2002). https://cadmus.eui.eu/handle/1814/180 [aufgerufen 23.9.202]. *Massimo Fichera*, Carl Schmitt and the New World Order. A view from Europe, in: P. Minkkinen/M. Arvidsson/L. Braennstroem (eds.), The contemporary relevance of Carl Schmitt. Law, politics, theology (2016), S. 165–178. Im Folgenden verwende ich dessen Beitrag *Massimo Fichera*, Carl Schmitt and the New World Order. A view from Europe, in: University of Helsinki Legal Studies Research Paper Series, 26 (2013). In dem interessanten Aufsatz von *Jan-Werner Müller*, Carl Schmitt and the constitution of Europe, Cardozo Law Review, 21, S. 1777–1795, geht er nur flüchtig auf die Dimension des Großraums ein. https://papers.ssrn.com/sol3/papers.cfm?abstract_id=2283834.

[105] *Fichera*, Carl Schmitt and the New World Order, S. 23–24.
[106] EU/Russia the four ‚common spaces': https://ec.europa.eu/commission/presscorner/detail/en/MEMO_05_103 [aufgerufen 23.9.2022].

„Globale Strategie der Europäischen Union" (2019) von Europa, einschließlich der Gebiete außerhalb der EU, als von „unserer Region" und von der Notwendigkeit, „einen integrierten Ansatz zur Lösung von Konflikten und Krisen in unseren umliegenden Regionen zu entwickeln, in dem Bewusstsein, dass hier unsere Hauptverantwortung liegt". In jüngster Zeit wurde über die Schaffung einer Europäischen Politischen Gemeinschaft gesprochen, die Großbritannien und andere Nichtmitgliedstaaten einschließt, sich aber auf die Europäische Union konzentriert. Die „räumliche" Dimension dieser Konzeptionen der EU und ihr Ehrgeiz, „Macht" durch „Anziehungskraft" auszustrahlen, ist somit offensichtlich.

Diese Strategie war sehr effektiv. Norwegen beispielsweise ist Teil des EU-Binnenmarktes. Es akzeptiert die Personenfreizügigkeit und alle EU-Vorschriften, darf jedoch über diese Rechte, im Gegensatz zu den Vollmitgliedern der EU, nicht mitgestalten. Ebenso müssen Beitrittskandidaten einige Zeit EU-Regeln akzeptieren, bevor sie diese mitbestimmen können. Auch wenn es sich nicht um formelle Kandidaten handelt, schließen sie sich oft von vornherein an die EU an.[107] Insofern ist ein Großteil Südosteuropas, der außerhalb der EU liegt, dennoch Teil ihres Großraums, ob es nun mit EU-Vorschriften harmoniert oder nicht. Die EU ist eine Ordnungsmacht, wenn auch eine weitgehend willkommene, weil sie Regeln für einen Großraum festlegt und durchsetzt, der zwar über Konsultationsbefugnisse, nicht jedoch über Entscheidungsrechte verfügt.

Das beste Beispiel für das EU-Großraumdenken ist die Brexit- und Nordirland-Politik. Hier versuchte sie, die Interessen ihres Mitgliedsstaates, der Republik Irland, gegen die des ausscheidenden Staates, des Vereinigten Königreichs, zu verteidigen. Dies bedeutete, Dublins Argument zu akzeptieren, dass der einzige Weg zur Aufrechterhaltung des Karfreitags-Friedensabkommens (1998) darin bestand, eine „harte" Zollgrenze in der Irischen See zwischen den sechs Grafschaften Nordirlands und dem Rest des Vereinigten Königreichs zu errichten, anstatt auf der Grenze zwischen den sechs Grafschaften und der Irischen Republik im Süden. Diese Forderung

---

[107] *Milada Anna Vachudova*, Europe undivided: democracy, leverage and integration after communism, Oxford 2005.

führte nach langem Hin und Her zum Nordirland-Protokoll (2019) zwischen dem Vereinigten Königreich und der EU, das eine Zollgrenze festlegte, die Großbritannien in zwei Zollgebiete aufteilte. Es wurde durch das Windsor-Abkommen ersetzt, das die EU-Kontrollen lockerte, aber die Zollgrenze in der Irischen See beibehielt. Damit ist Nordirland, das formell zum Vereinigten Königreich gehört, Teil des wirtschaftlichen Großraums der EU geworden.

Es besteht kein Zweifel, dass die Europäische Union ein Großraum sein könnte, wenn sie wollte. Sie hat sicherlich das wirtschaftliche Gewicht, die Kohärenz und die Reichweite, um ein solches Bekenntnis zu untermauern. Selbst ein verkleinertes Europa, das sich auf den deutsch-französischen „Kern" konzentriert, könnte ein Großraum sein. Kurz nach dem Irak-Krieg argumentierte Carlo Masala, dass ein solches Kerneuropa als *„Nukleus* eines politischen Großraumes Europa" als Gegensatz zu den Vereinigten Staaten figurieren könnte.[108] Seitdem gab es zahlreiche Forderungen, dass die Europäische Union einen lebensfähigen „Sicherheitspol" in der Welt bilden sollte, einschließlich der Forderung von Ursula von der Leyen nach einer „Geopolitischen Kommission" (die nicht unbedingt als antiamerikanisch verstanden werden sollte). Ich selbst habe einen Weg zu einer europäischen Großmacht durch eine politische Union nach anglo-amerikanischem Vorbild aufgezeigt.[109]

Abgesehen davon kann die derzeitige EU weder als Imperium noch als Großraum im Schmittschen Sinne betrachtet werden. Es fehlt ihr an einer plausiblen Leitidee und den meisten anderen notwendigen Merkmalen.[110] Trotz verschiedener Ansätze zu einer gemeinsamen Außen- und Sicherheitspolitik verfügt die EU nicht über

---

[108] *Carlo Masala*, Carl Schmitts Großraumtheorie. Eine Theorie der internationalen Politik. Drei Lesarten und eine Anwendung, in: Voigt (Hrsg.), Großraum-Denken, S. 181. Siehe auch *Carlo Masala*, Europa sollte ein Reich werden. Carl Schmitts Großraumtheorie könnte helfen, den imperialen Universalismus der Vereinigten Staaten auf kluge Weise zu entkommen, in: Frankfurter Allgemeine Sonntagszeitung, 10.10.2004.

[109] *Brendan Simms*, ‚Towards a mighty union: how to create a democratic European superpower', in: International Affairs 88/1 (January 2012), 49–62.

[110] *Rüdiger Voigt*, Denken in Großräumen. Imperien, Großräume und Kernstaaten in der Weltordnung des 21. Jahrhunderts, in: Voigt (Hrsg.), Großraum-Denken, S. 28, 41–42. Ebenso *Christian Joerges*, Europe a Groß-

das ius belli oder den Bundeszwang, der sie zum alleinigen Schiedsrichter über Krieg und Frieden in ihrem eigenen Raum machen würde. Außerdem ist die EU nicht wirklich homogen im Sinne Schmitts, und sie will es auch nicht sein.[111] Darüber hinaus entspricht der Universalismus der EU, der den Rest der Welt in Menschenrechtsfragen oft kritisiert, nicht Schmitts Konzept eines Großraums, der in seinem „Raum" zwar eine „Idee" vertreten kann, aber nicht versuchen sollte, sie in der Welt außerhalb geltend zu machen.[112]

Heute wird die Europäische Union durch ihren dominanten wirtschaftlichen Kern, die Bundesrepublik Deutschland, eher gehemmt als gestärkt. Dem militärischen Kern, Frankreich, ist es nicht gelungen, eine eigene EU-Sicherheitsidentität zu schaffen oder eine sinnvolle „europäische Souveränität" zu begründen. Dies hätte bedeutet, dass die EU zum bestimmenden Faktor bei der kritischen Unterscheidung zwischen „Freund und Feind" geworden wäre und den Block zu einem separaten „Pol" in der Welt gemacht hätte, um es mit den Worten von Präsident Macron zu sagen. Die Macht, die die EU ausstrahlt, ist also viel weniger umfassend als die, die Schmitt klar vor Augen hatte (wenn auch zugegebenermaßen nicht genau definiert).[113] Sie ist stark von raumfremden Mächten durchdrungen, zum Beispiel von russischem Einfluss in Ungarn, und sie hat es versäumt, wirtschaftliche Autarkie anzustreben. Insbesondere ist die EU in sicherheitspolitischer Hinsicht Teil eines eigenen, wenn auch sich überschneidenden Raums, nämlich des NATO-„Gebiets". Tatsächlich ist sie militärisch völlig abhängig von den beiden angelsächsi-

---

raum?, S. 32. Ein weiterer Skeptiker ist *Dimitrios Kisoudis,* Europa der ungewollte Großraum, Sezession, 110 (Oktober 2022), S. 18–23.
111 So *Andreas Anter,* Die Europäische Union als Großraum. Carl Schmitt und die Aktualität seiner Theorie, in: Voigt (Hrsg.), Großraum-Denken, S. 64 et passim.
112 *Fichera,* Carl Schmitt and the New World Order, S. 27–28.
113 Die Bestrebungen und Grenzen der EU als internationalem Akteur werden wohlwollend erwähnt in: *Sven Biscop,* European strategy in the 21st century. New future for old power, London and New York 2019. Sie werden hart aber gerecht nach Schmittschen Kriterien verurteilt von *Stefan Auer,* European Disunion, Democracy, and the politics of emergency, London 2022.

schen Mächten, den Vereinigten Staaten und, in geringerem Maße, dem Vereinigten Königreich. Sie besitzt nicht wirklich einen eigenen Raum, sondern ist vielmehr Mieter eines Grundstücks, dessen geopolitisches Eigentum nach wie vor bei den Anglo-Amerikanern oder, wenn man so will, den „Angelsachsen" liegt.

Die Rückkehr des Großraums

Ich komme zum Schluss. Der Großraum ist in der Gegenwart eindeutig zurückgekehrt (wenn er denn jemals verschwunden war). Die Erwartung ist heute weit verbreitet, dass die Zukunft der Welt vom Aufeinanderprallen der großen globalen Ordnungssysteme bestimmt sein könnte. Diese Konfrontation hat bereits begonnen, wie die russische Invasion in der Ukraine zeigt. Bisher können wir zwei klar abgegrenzte und kooperierende Anwärter auf Großräume im Sinne von Schmitt sehen, die russische Welt von Wladimir Putin und den chinesischen Raum von Xi Jinping. Diese strahlen eine umfassende Form von Macht (militärisch, politisch, wirtschaftlich und kulturell) in ihre jeweiligen „Räume" aus. Die Europäische Union hingegen ist kein zusammenhängender Großraum. Sie zeigt sich zwar als ein eigenständiges geo-rechtliches und geo-ökonomisches Ordnungssystem, aber militärstrategisch gehört sie zum „Gebiet" der NATO.

Auch die Vereinigten Staaten und das breitere westliche Bündnis sind kein Großraum im Schmittschen Sinne. Zwar strahlen sie individuell und kollektiv ihre Macht weit über ihre Grenzen hinaus aus und haben in den letzten dreißig Jahren beispielsweise in Bosnien, im Kosovo, im Irak und in Afghanistan interveniert. Gleichzeitig wehren sie sich nachdrücklich gegen jede Einmischung von außen in ihrem unmittelbaren Umfeld, z. B. gegen Versuche, Wahlen zu beeinflussen oder Militärstützpunkte in unmittelbarer Nähe zu errichten. In dieser Hinsicht gilt die Monroe-Doktrin noch immer. Aber weder die Vereinigten Staaten noch viele ihrer demokratischen Verbündeten akzeptieren, dass sie die Großräume anderer respektieren sollten (und meiner persönlichen Meinung nach sollten sie das auch nicht). Es ist für sie undenkbar, dem Vorschlag von Putin und Xi zuzustimmen, dass die Emanzipation Russlands und Chinas von der westlichen Abhängigkeit die Unterwerfung anderer in ihrer unmittelbaren Nachbarschaft erfordert.

Die globalen Kampflinien sind hier bereits deutlich sichtbar. In der Ukraine weist der Westen die Behauptung Putins zurück, das Gebiet sei Teil seines natürlichen „Raums" oder seiner „Einflusssphäre". In Asien konfrontiert die VR China den Westen militärisch mit Taiwan und dem Südchinesischen Meer sowie allgemeiner mit Menschenrechts- und Wirtschaftsfragen. Eine ähnliche Konstellation haben wir zuletzt im Herbst 1941 erlebt, als in Europa der Krieg tobte und Japan seine Optionen im Fernen Osten abwog. Am 6. Dezember 1941 war der Ausgang noch offen; am 12. Dezember, nach Pearl Harbor und Hitlers Entscheidung, den Vereinigten Staaten den offenen Krieg zu erklären, war er es nicht mehr[114].

Der bevorstehende Konflikt wird also kein Zusammenprall der Großräume sein, sondern eine Konfrontation einerseits zwischen dem russischen und dem chinesischen Großraum, die jeweils ein bestimmtes Prinzip in der Welt repräsentieren, und andererseits dem „universellen" Westen, der geografisch in der Anglo-Sphäre verankert ist – in den Vereinigten Staaten, dem Vereinigten Königreich, Australien und Neuseeland –, aber beansprucht, weltweit zu operieren und seine Kraft aus der ganzen Welt zu schöpfen. Es ist im Wesentlichen das gleiche Drehbuch, das Schmitt während des Zweiten Weltkriegs beschrieben hat, wenn auch mit einer anderen Besetzungsliste; in dieser Hinsicht gibt es eine direkte Linie von Hitler und Carl Schmitt zu Putin und Xi Jinping. Wie Hitler vor dem Dezember 1941 glaubt Putin, dass er sich „bereits" im Krieg mit dem Westen befindet, und es könnte sein, dass Xi bald zu demselben Schluss kommen wird.

In den letzten 120 Jahren haben wir beobachtet, dass eine dominante „angelsächsische" und „universalisierende" Kraft von regional verwurzelten aufstrebenden Mächten herausgefordert wurde. Zweimal, 1918 und 1945, endeten diese Angriffe schlecht. Wie es dieses Mal ausgehen wird, ist nicht abzusehen, aber Henry Luces Aussage von 1941, dass Freiheit einen größeren „Lebensraum" als „Tyrannei" benötigt, bleibt auch heute noch gültig. Die westliche Unipolarität muss die chinesisch-russische Multipolarität verdrängen oder bei

---

114 Siehe *Brendan Simms/Charlie Laderman*, Von Pearl Harbor bis zur Kriegserklärung an die USA, S. 538–542.

dem Versuch untergehen. Der universelle „Raum" der westlichen Demokratie und die „größeren Räume", in deren Mittelpunkt die Diktaturen Russlands und der VR China stehen, können auf Dauer nicht nebeneinander bestehen.

Wichtige Publikationen von Brendan Simms

Brendan Simms ist Professor für die Geschichte internationaler Beziehungen und Direktor des Zentrums für Geopolitik an der Universität Cambridge.

Einige für das Thema des Buches wichtige Publikationen:

„Fra *Land* e *Meer*. La Gran Bretagna, la Prussia e il problema del decisionismo, 1804–1806", Ricerche di Storia Politica, 6 (1991), 5–34.

The impact of Napoleon. Prussian high politics, foreign policy and the crisis of the executive, 1797–1806 (Cambridge University Press, 1997), 390 Seiten.

Brendan Simms/D. J. Trim (eds.), Humanitarian intervention. A history (Cambridge University Press, 2011).

‚Towards a mighty union: how to create a democratic European superpower', International Affairs, 88/1 (January 2012), 49–62.

Donald Trump. The making of a world view (with Charlie Laderman), (IB Tauris, London, 2017), 150 Seiten. Deutsche Übersetzung: Wir hätten gewarnt sein können. Donald Trumps Sicht auf die Welt (Bundeszentrale für politische Bildung, Bonn 2017), 156 Seiten.

Towards a Westphalia for the Middle East (with Patrick Milton and Michael Axworthy) (Hurst Publishers, London, 2018).

Hitler. Only the world was enough (Allen Lane, London, 2019), 668 Seiten. Deutsche Übersetzung: Hitler. Eine globale Biographie. DVA, Stuttgart 2019), 1050 Seiten. Weitere Übersetzungen in Vorbereitung ins Chinesische, Dänische, Französische, Norwegische, Slowakische, Spanische und Tschechische.

Hitler's American Gamble Pearl Harbor and the German March to Global War (with Charlie Laderman). (Allen Lane, London, 2021), 510 Seiten. Deutsche Übersetzung. Fünf Tage im Dezember. Von Pearl Harbor bis zur Kriegserklärung an die USA – Wie sich 1941 das Schicksal der Welt entschied (DVA, Stuttgart 2021), 641 Seiten. Ebenfalls übersetzt ins Italienische.

The Silver Waterfall. How America won the war in the Pacific at Midway (with Steven McGregor) (Public Affairs, New York, 2022), 290 Seiten.

Personenregister

Adelman, Jeremy 21
Anter, Andreas 57
Arvidsson, Matilda 54
Auer, Stefan 5, 41, 44, 57
Auslin, Michael 49

Barcia Trelles, Camilo 36
Berndt 16
Bethmann Hollweg, Theobald von 12, 13
Biscop, Sven 57
Bismarck, Otto von 10
Blindow, Felix 23
Bordatschow, Timofei 42
Braennstroem, Leila 54
Brechtefeld, Jörg 10, 11, 16
Bremen, Christian 13
Bremner, Charles 42
Brett, Annabel S. 21
Bruck, Karl Ludwig von 9
Bush, George sen. 37

Carr, Edward Hallett 48
Chong, Eunice 5
Churchill, Winston 31
Conze, Vanesa 15
Coudenhove-Kalergi, Richard 16, 20

Derman, Joshua 5, 21
Domarus, Max 28
Donaldson, Megan 21
Dorman, Rob 19
Dugin, Alexander 39, 40, 43
Dullien, Sebastien 52

Elvert, Jürgen 27

Fichera, Massimo 54, 57
Fischer, Fritz 13
Freund, Michael 10
Friedrich, Jörg 33
Friedrich Wilhelm III., König von Preußen 5
Frommelt, Reinhard 16

Gagern, Heinrich von 10
Gaida, Fedor 43
Gehler, Michael 53
Giesler, Gerd 5
Gilbert, Parker 15
Gross, Raphael 5, 24
Gruchmann, Lothar 14, 28
Guerot, Ulrike 52
Gujer, Eric 53
Gusejnova, Dina 20

Harris, Arthur 33
Hartmann, Christian 18
Hashim, Ahmed 5
Hayes, Bascom Barry 10
Heilbronner, Oded 5
Heinemann, Winfried 22
Hellmann, Günther 52
Hilton, Stanley 28
Hitler, Adolf 16-20, 22, 27, 28, 30, 31, 33, 60
Hong, Muwon 29
House, Edward Mandell 13
Hurst, Bill 5

Joerges, Christian 53, 54, 56
Jünger, Ernst 34

Kalinskij, Nora 5
Ke, Li 9
Kelly, Duncan 21
Kerry, John 37, 38
Kisoudis, Dimitrios 57
Kissinger, Henry 45
Kortunov, Andrey 41, 42
Koskenniemi, Martti 21
Kraus, Hans-Christof 5, 13
Krause, Oliver 35
Kroll, Charlotte 5, 45
Kundnani, Hans 53

Laderman, Charlie 29, 31, 60
Lange, Karl 18
Lansing, Robert 13
Leonard, Mark 38
Less, Tim 5

Lewis, David G. 5, 39
Leyen, Ursula von der 56
Libin, Xie 46
Lilla, Mark 45
List, Friedrich 9, 19
Liu, Xiaofeng 46, 47
Luce, Henry 30, 60
Luif, Paul 53
Lukina, Anna 5, 33

Mackinder, Halford 12, 34, 46
Macron, Emmanuel 57
Mahan, Alfred Thayer 32
Maier, Clara 5
Mann, Heinrich 16
Manow, Philip 32
Mao Tse-tung 35–37
Marchal, Kai 45
Martinez, Ryan Mitchell 46–48
Masala, Carlo 56
Maschke, Günter 21, 23, 27
McGlynn, Jade 43, 44
Minkkinnen, Panu 54
Mohler, Armin 34
Molotow, Wjatscheslaw Michailowitsch 29
Müller, Jan-Werner 54
Müller-Luckner, Elisabeth 12
Münkler, Herfried 52

Napoleon Bonaparte 35
Naumann, Friedrich 13, 19
Neitzel, Sönke 11

Orford, Anne 38, 48

Panina, Elena Vladimirowna 42
Patapan, Haig 46
Paterson, William 53
Putin, Wladimir Wladimirowitsch 38, 39, 41–44, 49, 50, 59, 60
Pyta, Wolfram 22

Ribbentrop, Joachim von 29
Roehl, John C. 12
Roosevelt, Franklin Delano 22, 27, 28, 30–32, 44

Sakwa, Richard 41
Salter, Michael 47
Schickel, Joachim 37
Schmitt, Carl 5, 15, 16, 20–27, 29–40, 42–47, 50, 52, 56, 57, 59, 60
Schmoller, Gustav 11
Shaw, Carl K. Y 45
Shigong, Jiang 46
Simonyan, Artur 5, 39
Skordas, Achilles 5, 43
Smeltzer, Joshua 21
Sombart, Nicolaus 21

Spykman, Nicholas 30
Stalin, Josef Wladimirowitsch 28
Stimson, Henry 32

Tirpitz, Alfred von 12, 13
Toscano, Alberto 35

Vachudova, Milada Anna 55
Vinx, Lars 5
Voigt, Rüdiger 38, 56, 57
Vyslonzil, Elisabeth 53

Warburg, Max 16
Washington, George 28
Weber, Tom 19
Welles, Sumner 28
Wertheim, Stephen 31
Wiegand, Karl von 28
Wilhelm II., deutscher Kaiser 12
Wilson, Woodrow 13
Winzen, Peter 12
Wu, Zhengyu 45, 50

Xi Jinping 46, 49, 50, 59, 60
Xu, Fang 47

Zeitlin, Garett 5
Zheng, Qi 45

Horst Bredekamp

Der Behemoth
Metamorphosen des Anti-Leviathan

Behemoth und Leviathan. Rebellion und Friedensordnung, Bürgerkrieg und souveräne Staatsperson. Die politische Theorie kommt nicht los von den beiden biblischen Ungeheuern, in deren Bildern Thomas Hobbes die politische Moderne bannte. Am Beginn der neueren Deutungen steht Horst Bredekamps Geschichte jenes »Urbilds des modernen Staates« und seiner Mutationen (Thomas Hobbes. Der Leviathan. Das Urbild des modernen Staates und seine Gegenbilder, 1651–2001. Berlin 1999, 2006). Doch der Leviathan lässt sich nicht ohne seinen Doppelgänger verstehen, das Landtier Behemoth, das politische Symbol der »revolutionären anarchischen Kraft des Naturzustandes« (Carl Schmitt), dessen Bildgeschichte nicht weniger verwickelt ist.

»Bredekamps texthermeneutischer wie ikonologischer Gang durch mehr als zweitausend Jahre Behemoth-Mythologie ist eine vorzügliche Schulung des Blicks für die Nuancen und Details politischen Denkens und dessen bildlichen Darstellens und Kommentierens. Das Buch ist ein großartiger Beleg dafür, wie politische Theorie und Kunstgeschichte voneinander profitieren können, wenn sie enger zusammenarbeiten.«

Herfried Münkler, in: Politische Vierteljahresschrift, Bd. 59 Heft 3/2018

Carl-Schmitt-Vorlesungen, Band 1
zahlr., teilw. farb. Abb., 117 Seiten, 2016
ISBN 978-3-428-14932-2, € 24,90
Titel auch als E-Book erhältlich.

www.duncker-humblot.de

Printed by Libri Plureos GmbH
in Hamburg, Germany